J'ai choisi la vie

Marie Alvery et Hélène Gabert

J'ai choisi la vie

Être bipolaire et s'en sortir

PAYOT

Retrouvez l'ensemble des parutions
des Éditions Payot & Rivages sur
www.payot-rivages.fr

« Exprimer l'intime, c'est prendre le risque de la confiance. »

Annemarie TREKKER,
Écritures de l'intime

Avant-propos
Normales… ou presque
Hélène et Marie

Souriantes, enthousiastes et énergiques, ainsi sommes-nous perçues par ceux qui nous entourent et nous côtoient dans nos différentes activités. Notre quotidien ressemble à celui de toutes les femmes actives, gérant travail, enfants et loisirs. Ni plus ni moins que l'ordinaire de deux femmes normales. Pourtant, derrière nos sourires ou nos rires, se cache la fragilité commune d'une existence grave et douloureuse. Et peut-être aussi une combativité à la hauteur du mal contre lequel il nous faut lutter.

Nous nous connaissions à peine quand nous nous sommes révélé, de manière fortuite, notre mal. Nous souffrons toutes deux d'un dérèglement de l'humeur communément appelé trouble bipolaire. Mais si nous sommes atteintes de la même affection, l'expression de celle-ci diffère sensiblement de l'une à l'autre : Marie, atteinte d'un trouble de type I, a vécu des crises violentes au cours desquelles elle s'est mise en danger de façon spectaculaire et traumatique. Hélène, atteinte d'un trouble de type II, vit un quotidien d'oscillations permanentes entre les hauts, les bas et les milieux acceptables. À travers nos vécus, nous représentons le trouble bipolaire dans la majeure partie de son spectre.

De notre rencontre a germé l'idée d'écrire notre expérience de la maladie à travers tout notre parcours de vie. Parce que nous ne pouvons accepter d'être réduites à notre bipolarité. Parce que le trouble de l'humeur, ce n'est pas forcément une succession de crises aiguës, mais plutôt une vie entrecoupée de crises et de périodes plus sereines. Enfin, parce qu'il ne peut être appréhendé uniquement sous son aspect médical.

Nos chemins de vie singuliers nous ont conduites à accepter la maladie, à suivre des traitements et des thérapies, à mettre en place des stratégies au quotidien pour vivre dans un monde qui ignore parfois les incidences du trouble bipolaire. Tantôt tabou, tantôt galvaudé, celui-ci reste une maladie grave. Aujourd'hui, nous en connaissons les dangers et nous sommes mieux armées pour l'affronter. C'est un combat de tous les jours, adouci par des moments simples, joyeux et beaux.

Une chose est sûre : nous avons choisi la vie.

C'est cela que nous voulons partager.

Héritage familial

Hélène

« La filiation, c'est une notion de sentiments plus que de gènes. »

Jean GASTALDI,
Le Petit Livre de maman

Dans un immense jardin du nord de la France trône une imposante maison aux multiples pièces. Dans une chambre étroite à la moquette bleu pastel, au papier peint grisâtre aux motifs anguleux jaune et rouge, face à un miroir surplombant un lavabo de toilettes, assise dans un fauteuil Pérongude, en velours bleu fumé, ma mère allaite mon dernier petit frère. Ma grande sœur, mon petit frère et moi sommes assis à ses pieds en train de jouer ou de lire une histoire. Elle nous distrait bienveillamment en essayant de satisfaire les demandes de chacun ; la faim de l'un, le besoin de câlin ou la curiosité des autres. Elle veille sur ses enfants avec le regard d'une mère comblée qui aurait souhaité une famille encore plus nombreuse. À compter de leurs trente-trois et quarante-deux ans mes parents donnent naissance à deux filles et à deux garçons en l'espace de moins de quatre ans. Ils auraient aimé perpétuer la tradition familiale.

Ma mère est venue au monde après six frères et une sœur. Ma grand-mère maternelle a fondé une famille de six garçons et deux filles entre 1920 et 1938 en terre limousine. Elle-même issue d'une famille nombreuse, elle a conservé la valeur de la famille et pourrait être aujourd'hui entourée, tous confondus, de plus de cent petits-enfants malgré les drames familiaux.

C'est cela qui hante mon cœur et qui la nuit devient parfois insoutenable

En effet, ma famille maternelle est éprouvée par la Seconde Guerre mondiale. Ma mère n'a que six ans lorsqu'elle perd ses deux grands frères. L'aîné a vingt-quatre ans, il se porte volontaire pour partir en avant de sa patrouille. Il tombe sous le feu des Allemands sans un cri, d'une balle en pleine tête. Il est enterré sur place dans la région de Belfort le 16 novembre 1944. Ce n'est qu'à la fin des hostilités que son corps est ramené à Limoges dans la sépulture familiale.

« Lorsque nous remontions dans la neige ensoleillée du Bois où était enterré votre fils, vous avez voulu absolument porter la Croix de Chêne qui avait un mois durant marqué l'emplacement de sa tombe et rappelé à ceux qui auraient pu la voir la foi de votre fils et notre espoir dans la Résurrection des Corps. Que Dieu vous donne la force de porter une autre croix de tristesse moins visible et plus lourde… », écrit en janvier 1945 l'aumônier militaire, qui avait accompagné mon grand-père lors du transfert du corps de son fils à Belfort.

C'est une première et lourde croix qu'il faut porter. La seconde ne tardera pas. Le cadet, dont le désir et l'idéal sont de servir la France, s'engage dans l'Organisation de résistance de l'armée en février 1944. Vendu par un camarade avec un groupe de résistants, il est arrêté le 3 juin et conduit à Fresnes. Le 15 août, il quitte en autocar la prison de Fresnes qui l'emmène à la Gare de l'Est. De ce bus, il jette un petit mot d'adieu griffonné sur un petit bout de papier : « Tout va bien, le moral est à bloc. Au revoir mes chers parents. Je vous embrasse aussi fort que je vous aime ainsi que tous les membres de la famille. Vive la France, Courage. » Il prit le dernier train qui partit de France pour l'Allemagne. Le 21 décembre 1944, il meurt d'épuisement, à vingt-trois ans, au camp d'Ellrich-Buchenwald.

Cette épreuve supplémentaire brise le cœur de ma grand-mère. Comme en témoigne sa lettre à sa sœur. « Tu ne peux pas savoir ce que c'est pour un cœur de mère de voir ainsi partir "ses petits" ! Moi qui ne vivais que pour eux ! » Malgré tout, elle se raccroche à sa foi profonde et à sa famille pour continuer à vivre. « Je te supplie de prier pour moi pour que je reste gaie pour les petits et que notre maison reste quand même accueillante pour ceux qui restent. C'est eux qui m'aideront à tenir et à offrir aussi courageusement ce sacrifice s'il faut le faire. » La foi aura raison de son deuil, comme l'illustre une lettre que lui adresse une de ses belles-sœurs. « Inclinons-nous devant la volonté de Dieu, soyons sûres que notre cher cadet est maintenant heureux, qu'il a retrouvé son grand frère dans le bonheur éternel que tous deux ont si bien mérité. » Il faut qu'elle minimise sa souffrance et qu'elle trouve des circonstances atténuantes à son chagrin. « Malgré votre douleur, il faut remercier le Seigneur de l'avoir pris très vite, il n'a pas eu à souffrir les longs mois d'hiver, son calvaire a été moins dur. Il faut trouver là une consolation, un léger adoucissement à votre chagrin », lui écrit sa belle-sœur. La morale judéo-chrétienne, le sens du devoir et du respect lui imposent de vivre : « Du fond du cœur je prie pour vous, il faut vivre, vos autres petits ont besoin de vous. »

Il faut vivre sans se plaindre et avec dignité

C'est dans cette famille que ma mère a été élevée. Avec ses frères restants et sa sœur, ils grandissent auprès de ma grand-mère, une mère au cœur d'or, aux doigts de fée, toujours prête à rendre service et soucieuse d'accueillir au mieux ses hôtes. Une femme dont la force de caractère et la foi dissimulent la profonde sensibilité. Une femme qui doit garder la tête haute pour élever seule ses enfants à la mort de son mari.

En effet, ma mère vit seulement neuf ans auprès de son père, mon grand-père. Un homme dévoué, à la rigueur militaire, qui veille avec amour sur sa progéniture comme sur ses arbres. Il est généreux comme ses arbres fruitiers, droit et sévère comme ses mélèzes. Lui aussi meurt « pour la France » le 31 octobre 1947, des suites de sa captivité.

Ainsi, privée de son père et de ses deux frères aînés, ma mère vit dans une maison familiale d'un abord pourtant confortable et joyeux. Il reste peu de place pour l'émotion et le chagrin. Face à ce père et à ces frères qui ont donné leur vie pour la patrie, il faut vivre sans se plaindre et avec dignité. Exprimer sa tristesse aurait été déplacé dans un tel environnement de souffrance généralisée, puisque ma famille endeuillée ne fait malheureusement pas exception à cette époque.

Pour cette génération, pour ma famille, pour ma grand-mère, ma mère, mes oncles et tantes, quelle place reste-t-il alors pour exprimer et éprouver la tristesse ? Ont-ils pris le temps de faire leur deuil ? Se sont-ils autorisé le chagrin ? Ont-ils pu exprimer, et comment, leur colère, leur haine, leur besoin de justice ? Comment ont-ils pu pardonner ? Combien de sacrifices ont-ils enduré pour faire preuve d'autant de courage, d'abnégation de soi, de générosité ?

Est-ce la raison pour laquelle je n'ai jamais entendu ma mère, mes oncles et tantes se plaindre, exprimer une difficulté ou se décourager ? Leur facilité à pardonner et à encaisser relève-t-elle d'une force de caractère ou de leur éducation judéo-chrétienne, si tant est qu'ils aient pardonné ? Autant de questions qui restent en suspens tant il est difficile et douloureux de les aborder.

Je suis issue de cette famille, j'ai reçu cette éducation, mais je n'ai pas cette force de caractère-là. Je n'ai pas cette foi qui me permet de comprendre, de porter et de supporter cette croix.

Je ne veux pas porter cette croix ni même la transmettre. Je n'ai pas cette capacité à contenir mes larmes. J'ai l'intuition que mes débordements émotionnels et ma colère sont en corrélation avec cette histoire familiale. Comme si j'exprimais la tristesse et la colère de toute cette génération dont l'on a étouffé la peine. Voire la haine ! Hélène, mon prénom, n'est autre qu'« *elle haine* », ce prénom désiré par mon père dont s'est accommodée ma mère.

N'est-il pas injuste qu'on enlève à cette famille trois de ses membres en aussi peu de temps ? Qui pourrait se résigner derrière un sentiment patriotique ou religieux ?

Ainsi ont-ils dû endurcir leur cœur. Ainsi avons-nous été élevés dans le devoir et la moralité, mais surtout dans l'angoisse. Surtout.

« C'est cela qui hante mon cœur et qui la nuit devient parfois insoutenable », écrivait ma grand-mère à sa belle-sœur. J'ai hérité de ce tourment. Tourment qui m'est insupportable. Une souffrance transgénérationnelle sur laquelle repose une partie de mon éducation. Si la religion et le sens du devoir nous défendent d'exprimer notre profond désarroi, nos angoisses et nos nombreuses émotions, je ne peux les contenir et souhaite m'en affranchir.

Silences ou secrets de famille ?

S'il est difficile de se remémorer ou d'aborder en famille ces douloureux événements de l'histoire maternelle, il est encore plus difficile de connaître l'histoire paternelle. Mon père est le numéro trois d'une fratrie de quatre enfants dont la deuxième est morte à quelques jours de vie (j'ai hérité de son prénom en deuxième prénom). Mon père est aujourd'hui le seul survivant de cette lignée. Je n'ai jamais connu mes grands-parents. Ils appartiennent à cette bourgeoisie des familles de l'industrie textile du Nord. Il semblerait que je ressemble à ma grand-mère dont je ne sais rien, excepté le caractère sévère et autoritaire. Mon père n'a eu de cesse de nous répéter, lors de nos repas bruyants, qu'au même âge il n'avait que le droit de se taire. Et pour moi, il a fait de cette devise de table une devise de vie !

Mon père se réserve de tout commentaire sur sa famille ou sur son passé, il est une véritable tombe.

– Papa, décris-moi tes parents, qu'est-ce qui les caractérise ?

– Ils étaient travailleurs et énergiques. Maman, une fois veuve, travaillait à l'usine tous les après-midi. Voilà ce que je peux te dire.

– C'est tout ?

– Tout cela commence à dater. Je n'ai plus de souvenirs très précis.

Mon oncle et ma tante sont partis trop vite pour que je puisse en apprendre davantage.

Mais un drame n'a pu échapper à l'attention familiale. À l'âge de six ans, ma tante pousse mon père d'une table. Il se casse le bras. Son oncle, chirurgien, le soigne. Le plâtre, trop serré, entraîne une gangrène. Avec une main atrophiée, mon père gardera à vie les séquelles physiques et psychologiques de cet accident. S'installe alors une distance entre mes grands-parents et cet oncle qui se perpétuera au fil des générations. Les circonstances exactes et les conséquences de cet événement tragique restent inabordables.

Mon père est un honnête homme, attentif et précautionneux. Ses mises en garde sont sempiternelles et désabusées : « ne fais pas ci, tu vas abîmer cela », « tu ferais bien un peu d'écouter ce que te dit ta mère », « moins on en dit, mieux on se porte », « mieux vaut se faire un nom que de traîner celui qu'on porte », « le silence est d'or, la parole est d'argent ». Son mutisme alimente ses soliloques.

Ainsi, que ce soit du côté maternel ou paternel – est-ce l'époque ? l'éducation ? l'environnement socio-économique ? – j'ai hérité de blessures, de déchirements et de silences.

Silences ou secrets de famille ? Je crois qu'il n'y avait rien à cacher. Juste des sujets dont on ne souhaitait pas parler. Uniquement des tabous et une souffrance trop difficile à porter, au point de tout faire pour l'oublier.

Dans ce contexte, le courage, la rigueur et le travail sont des valeurs sûres dans lesquelles mes grands-parents et mes parents n'ont pas eu d'autres choix que de se réfugier. Il faut faire honneur à la famille, être un bon enfant, être un bon élève, ne pas être un souci supplémentaire.

Pour ma part, il me semble que j'ai hérité de la douleur familiale qui a plané sur mon enfance.

Petite mythologie familiale

Marie

Les secrets de famille du côté de ma mère

Par ma mère, je suis issue d'une famille aristocrate protestante, un peu fin de siècle, qui s'est bâtie autour d'un mythe à l'échelon familial : celui de mon grand-père. Né en 1901, aîné d'une famille de cinq enfants, il est l'espoir, l'héritier, le soutien de famille. De fait, il est brillant – il sort major d'une grande école d'ingénieur – et courageux. Plus tard, il fait carrière dans une grande entreprise française dont il deviendra directeur général, tout en assumant, tout au long de sa vie d'adulte, de hautes responsabilités à l'Église réformée de France. Il est aussi père de cinq filles dont une décède en bas âge et d'un fils.

En quelques mots, une honnête vie… mais qui me semble survalorisée par l'ensemble de la famille ! Des recueils de généalogie familiale circulent entre les enfants qui certifient la noblesse des origines de l'idolâtré. Un fascicule sur ses actions de résistance est établi par une tante et un oncle. Ses quatre filles n'ont d'yeux que pour leur père, c'est une évidence. Pour les gendres, il s'agit d'être à la hauteur. Lorsque ma mère a des remontrances à faire à son mari, elle l'exprime en ces quelques mots : « Mon père n'aurait pas fait ainsi. » C'est l'autorité suprême qui s'exprime alors !

L'image du grand-père a flotté sur nous toute notre jeunesse. On nous l'a gravée dans le marbre. On a loué son intelligence, sa droiture, sa rigueur protestante. Des portraits de lui ou de son père fumant la pipe étaient accrochés aux murs.

Alors, évidemment, lorsque la double vie tardive de mon grand-père fut découverte, cela fit désordre. Quinze ans, ce n'est pas rien pour un saint ! Cette découverte fut une onde de choc, mais il semble que chacun – sauf ma mère – en tira finalement des leçons de sagesse et de tolérance. L'aura de mon grand-père était telle, que tous lui pardonnèrent. Et dans l'histoire, ma pauvre grand-mère était passée par pertes et profits : « Tu comprends, me dit une tante par alliance, à cinquante ans, elle était déjà vieille. Lui était à l'apogée de sa carrière et de sa vie sociale. »

Plus troublante fut la découverte des deux enfants que la maîtresse eut le temps de cette liaison, mais dont personne ne revendiqua jamais la paternité. Une découverte enfermée sous un couvercle plus difficile à soulever.

Sur tout cela, je n'ai aucun jugement, ni même ne ressens aucune tristesse.

Toute la famille de ma mère était au courant du – ou des – secret de famille. Tous, sauf nous, ses enfants. Elle avait pris le parti de ne rien dire, de verrouiller, de perpétuer le mythe de la vertu, de la figure idéale, du modèle absolu… Officiellement, j'étais même la cause de ce non-dit, m'avouera-t-on. « Tu étais trop fragile. » Trop fragile ? Ou bien potentiellement subversive ? Ma mère n'avait-elle pas peur du volcan qui se réveille ? Toujours est-il, qu'aujourd'hui encore, lorsque j'essaie d'aborder le sujet avec mes frères et sœur, je ne trouve guère d'interlocuteur.

Dans la famille de mon grand-père, force est de constater que tous n'étaient pas des parangons de vertu. Il y a peu, j'appris qu'un de ses frères avait eu deux enfants illégitimes – c'est beaucoup, pour l'époque ! Que mon arrière-grand-père ne se cachait pas de ses trois maîtresses prônant pour chaque homme « une mère, une muse et une putain » ! Il y en avait d'autres, à l'évidence, des secrets de famille. Comme celui de mon arrière-grand-mère et de ses attirances homosexuelles…

Moi qui pensais appartenir à une famille austère, désincarnée, monolithique, soucieuse de la norme sociale, me voici en pleine saga familiale. Je ne les connais pas, mais tout cela m'intrigue… Liberté d'esprit ?

Les non-dits de ma mère sont la seule chose qui importe réellement à mes yeux. Le reste relève du jugement moral et ne m'intéresse pas. Si mon grand-père n'avait pas une vie de patachon, ce n'était pas non plus un coureur de jupons, et avec toutes ses faiblesses, c'était bien un homme de valeur et de valeurs. Son austérité n'était pas feinte non plus. Il y avait en lui une froideur glaçante, un rigorisme réfrigérant, quelque chose de sévère : on ne s'y frottait pas. C'était donc totalement impossible de l'imaginer, et ce encore plus à un âge avancé, dans les bras d'une maîtresse. Qu'y avait-il donc de lui qu'il n'avait su exprimer ?

Pourquoi ma mère avait-elle tant tenu à nous cacher la vérité, à tout verrouiller, à travestir le réel ? Bien sûr, elle avait dû être déçue, et avait porté en elle une honte qu'elle n'était pas capable de dépasser. Ce n'était pas convenable. Mettre en question le modèle du père, c'eut été s'exclure du bien. C'était trop. Ce n'était pas possible. Du coup, il était difficile de grandir. Ma mère est toujours restée une petite fille.

Mon père l'a largement aidée à maintenir le couvercle fermé sur les secrets de famille. Comme elle, il pensait que tout passait par l'autorité parentale. Tous deux reprochaient sévèrement à ma tante d'avoir relaté l'histoire familiale à ma cousine. Ils craignaient sans doute que celle-ci ne me dévoile des choses au cours de nos jeux d'enfants. Elle ne le fit jamais. Pourquoi donc, petite cousine, m'as-tu laissée dans l'ignorance ?

Le mythe de la perfection allait donc se perpétuer, indestructiblement.

– Ce n'est pas la réalité qui m'effraie, c'est le non-dit, la vérité cachée.

– Reconstituez votre identité, pièce après pièce, comme un puzzle, me dira plus tard mon psy.

Les drames du côté de mon père

Mon père, protestant également, était d'origine modeste avec ce que cela induit comme facilité d'approche de la famille. Moins de mystification outrancière, l'objectif de celle-ci n'étant pas de « tenir son rang ». Les drames n'en étaient pas moins présents, comme celui de mon arrière-grand-mère qui s'est suicidée un jour de Noël. Mon grand-père fera lui aussi une tentative de suicide, dont le déclencheur reste inconnu de moi. L'interprétation un peu fantaisiste de mon père étant que cet acte était la conséquence d'une promotion professionnelle ! Un peu difficile à croire… Force est de constater que ces drames n'ont pas été explorés dans la famille, et il y a aujourd'hui peu de survivants pour le faire.

Malgré cela, dans cette famille, l'atmosphère familiale est gaie et vivante. On y rit et on y parle politique. Pour ma mère, c'est une libération après l'insoutenable austérité de son quotidien de jeune fille à l'éducation sévère.

Une enfance sage

Hélène

« Il y a des choses de l'enfance que seule l'enfance connaît. »

Colum McCann, *Zoli*

1973 est l'année du choc pétrolier, de la mort de Dali, de la guerre du Kippour, du lancement de *Libération*, du Tournoi des Cinq Nations avec cinq vainqueurs. Le 27 mars, le jour où Marlon Brando refuse de se rendre à Hollywood pour recevoir l'oscar d'interprétation pour son rôle dans *Le Parrain* de Francis Ford Coppola, c'est aussi le jour où j'ai pointé le bout de mon nez !

Quinze mois jour pour jour après la naissance de ma sœur et seize mois avant celle de mon frère. Beau bébé, je nais néanmoins avec une anomalie cardiaque qui inquiète mes parents. Mais la communication intraventriculaire dont je souffre se referme quelques semaines plus tard. Je suis un bébé sage et facile. J'économise ma mère en ne lui réclamant que cinq tétées à la naissance. Puis, je me rends propre de jour à dix-huit mois pour ne pas donner plus de travail à ma mère qui vient de mettre au monde son troisième enfant.

De doux souvenirs

Petite fille au teint mat, sans un poil sur le caillou, je m'épanouis dans la maison paternelle du nord de la France dont mon père a hérité. Mon enfance se déroule dans une grande maison avec un immense jardin, des allées pour faire du vélo, des marronniers, des buis, des arbres fruitiers, des serres, un bac à sable, une balançoire, un bassin à poissons rouges, des poules et des lapins…

Ma mère redouble d'énergie et d'imagination pour agrémenter notre quotidien. Elle a hérité de ma grand-mère son génie et une capacité à faire plusieurs choses à la fois en un temps record. Des plaisirs culinaires aux plaisirs ludiques, elle met tout en œuvre pour la joie de ses enfants. Des petits bonheurs simples. Des plaisirs gourmands. Rien de tel que du lait frais de ferme pour préparer des yaourts, des œufs et des fruits cueillis dans le jardin pour de savoureuses pâtisseries, des légumes frais pour des soupes variées. Sans oublier le sacro-saint poulet-frites suivi d'un gâteau au chocolat ou d'un vacherin pour les menus d'anniversaire !

Nos cadeaux d'enfants sont sur mesure et cousus main ! Quel plaisir de recevoir une malle de déguisements pour Noël, des tables et tabourets en bois modulables ou des coussins bleu et rouge pour faire des cabanes ou des roulés-boulés. Quelle joie de partager des parties de boules de neige, de faire des tours de vélo, de jouer à l'élastique entre frères et sœurs. Sans parler de nos vacances dans notre maison du Limousin, fief familial maternel. Dans un ancien moulin à cuivre, les pieds dans l'eau en pleine verdure, il fait bon se retrouver entre cousins. Les parties de petites voitures, de cache-cache dans des bottes de foin ou autour d'une cabane, de jeux de société et les baignades ponctuent nos journées sous la surveillance de la jeune fille au pair.

Jusqu'à mes sept ans la vie est douce et joyeuse, la vie est confortable. Jusqu'à ce que la crise textile ne touche l'entreprise familiale. Un jour, ma mère prépare les valises de mon père qui doit s'envoler pour la Colombie. Je ne comprends pas alors qu'il s'agit d'un essai pour un nouveau travail dans le cadre d'une recherche d'emploi et pas d'un déplacement professionnel en tant que directeur technique de l'usine textile. L'emploi de mon père n'a pas survécu à la crise, et mon père se retrouve au chômage.

Je découvre alors le papier léger de correspondance avion, les enveloppes blanches striées de bleu et de rouge et les beaux timbres pour l'étranger. Je ne sais combien de temps prit ce voyage. Un mois, trois mois... En tout cas, cela ne dura pas. De ce voyage au bout du monde, mon père nous rapporte de grosses sucettes jaunes toutes rondes à l'ananas et autres douceurs locales. Je suis encore à l'âge où les souvenirs sont paisibles et colorés. Pourtant, ce voyage n'a d'exotique que la saveur de ces sucreries, car mon père rentre sans travail.

Ma mère reprend son travail d'infirmière qu'elle avait interrompu en fondant sa famille. Pour pouvoir nous élever le jour, elle travaille de nuit. Elle rentre du travail peu avant notre lever. Elle nous accompagne à l'école avant d'aller se coucher. Je suis chargée de ramener mes frères de l'école et de mettre les plats dans le four avant d'aller la réveiller pour le déjeuner. J'emmène mes frères à la piscine le mercredi après-midi. Je suis ce fier petit bout de bonne femme à qui on confie des responsabilités et qui les endosse avec plaisir. Je me régale aussi avec mes cours de cuisine d'où je rapporte de la soupe aux poireaux, de la tarte aux légumes ou du gâteau au chocolat.

Cet épisode de vie ne dure que le temps pour mon père de retrouver un travail. Il crée finalement sa propre entreprise de teinturerie dans la capitale de la tapisserie, Aubusson. Nous quittons brutalement notre grande maison au jardin fleuri du Nord pour un appartement de centre-ville dans une rue froide et austère de la Creuse.

Juste la fête de l'école en guise d'au revoir à Céline, ma meilleure amie.

Je laisse mon insouciance dans les terrils du Nord

Au bord de la Creuse, nous emménageons dans un grand appartement terne et déstructuré, dont les pièces sont desservies par un long couloir ténébreux. Les meubles y trouvent leur place tant bien que mal. Le temps y est rythmé par le balancier d'une sombre horloge. Sur une petite table dans le couloir, une boîte à musique ballerine entonne un air du *Lac des cygnes* de Tchaïkovski. Je m'amuse à l'ouvrir et à regarder cette danseuse tourner inlassablement sur elle-même. Une note de douceur dans ce couloir dans lequel nous courons bruyamment pour regagner la cuisine. La cuisine au lino blanc et aux murs jaunes qui donne accès à l'atelier de teinturerie attenant de mon père. Il navigue entre celui-ci et l'appartement à toute heure du jour et de la nuit, s'escrime sans relâche sur son travail, sauf le temps d'une causette ou d'une exposition de tapisseries en ville.

Ma mère traverse la ville d'un bon pas pour aller soigner les « pensionnaires » du CAT[1] pour lequel elle travaille. Quatre fois par jour, elle arpente les rues de la ville pour économiser le prix du repas. Elle n'a pas le temps ni l'argent pour du lèche-vitrines. Juste un peu de temps pour entretenir le potager (de notre maison de vacances devenue de par sa proximité une maison de campagne) et ramasser les fruits et légumes du jardin pour les cuisiner ensuite. Juste un peu de temps pour l'entretien de la maison et pour raccommoder les vêtements troués. Juste un peu de temps pour s'impliquer dans l'association des parents d'élèves de l'école et dans l'équipe pastorale et liturgique. Juste un peu de temps pour organiser les fêtes de famille à l'occasion d'anniversaires ou de célébrations religieuses qui égayent notre quotidien.

Pendant ce temps, ma sœur s'évade dans ses lectures, un casque à musique sur les oreilles. Mon frère, lui, s'adonne au football et collectionne les autocollants pour ses albums Panini. Le petit dernier court dans l'appartement en marchant sur les mains et se passionne pour le vélo.

Quant à moi, j'ai besoin de compagnie. Entre deux parties de chatouilles, les disputes sont fréquentes. Heureusement, je me lie d'amitié avec Marine, avec qui je partage le banc d'école. Une belle amitié. Elle aussi vient d'emménager à Aubusson, et quelle chance, à cent mètres de la maison, ce qui

1. Centre d'aide par le travail accueillant des handicapés mentaux.

facilite grandement les visites impromptues. J'aime jouer au poupon avec elle dans sa chambre, dormir chez elle sous sa couette rose ou qu'elle me lise les histoires qu'elle écrit sur son bureau blanc. Je l'entraîne aussi dans la salle de jeux pour regarder à la télévision, que nous n'avons pas à la maison, la série « V les visiteurs ». Ou bien je vais l'attendre à la sortie de ses cours de danse dont nous revenons bras dessus bras dessous dans l'obscurité de l'hiver. Marine est douée à l'école, pour la musique, la danse, le piano. Elle rapporte le meilleur bulletin de la classe. Je la talonne, mais je n'ai pas son talent d'élève ni d'artiste. En revanche, je me distingue par ma maturité, ma serviabilité et mon sourire. J'aime passer l'aspirateur, faire du baby-sitting ou les courses. Et surtout, aller acheter le pain, car j'en profite pour m'offrir discrètement quelques bonbons ou chocolats qui satisfont mon appétence déjà élevée pour le sucre. Des envies de sucre insuffisamment satisfaites jusqu'au point de rêver de buffets de desserts, de pièces montées ou d'orgies de chocolat ! Tout doucement, je mûris dans un monde que je souhaiterais édulcoré.

Je suis cette enfant qui s'ennuie dans sa vie d'enfant, mais se sent à l'aise avec les parents de ses amis. Une enfant qui trouve de plus grands cousins ou cousines avec qui discuter. Une enfant qui aime écouter les conversations des grands. Une enfant qui se précipite dès que le téléphone sonne et qui ne peut s'empêcher de prendre l'écouteur au point d'être surnommée la commère. Une enfant qui aimerait grandir vite, trop vite.

Enfant, je pleure la nuit

Marie

Un petit nénuphar dans le poumon

Je suis la dernière de quatre enfants. J'ai commencé à poser des problèmes à mes parents lors de cette coqueluche, à trois mois, alors que je devais être baptisée quelques jours après. J'ai été hospitalisée d'urgence pendant trois semaines. Pendant ces trois semaines, mes parents ne sont pas venus me voir à l'hôpital, car « cela n'aurait servi à rien ». C'était leur philosophie. Se protéger, sans doute, ou bien ne pas être dérangé, je ne sais. Je ne me suis probablement jamais remise de cet abandon-là. Je me suis toujours demandé en effet comment on pouvait remettre son bébé crachant ses poumons dans les bras d'une infirmière sans compter les minutes pour le revoir le lendemain. Et puis revenir trois semaines après pour reprendre un bébé réparé, tout nouveau, tout neuf. Pour être très franche, cela me dépasse même totalement. Mon histoire est donc d'abord celle d'un petit nénuphar dans le poumon.

Si j'ai manifesté à l'adolescence ma colère et mon ressentiment, ma petite enfance a été sage. Mais pour tout dire, je n'étais pas très heureuse et même très angoissée… Nous habitions en banlieue parisienne, dans une maison où j'ai passé une vingtaine d'années. J'étais entourée de trois frères et sœur auxquels je parlais peu, d'un père absent (il voyageait loin et longtemps) et d'une mère désengagée de son rôle maternel. Nous avions peu de vie de famille, d'activités entre nous. Jamais une sortie le dimanche, une balade, une expo. Un dimanche sur deux, nous recevions les grands-parents.

Mes TOC, le soir venu

J'avais des problèmes de sommeil et je ne dormais pas la nuit. Prise d'angoisse le soir venu, je ritualisais tous mes couchers, avec ce qu'on pourrait repérer comme les premiers symptômes de ma maladie : des TOC[1] dont je me suis débarrassée naturellement – et loin de ma famille – à l'adolescence : avant de me mettre au lit, il fallait que je fasse le tour de ma chambre et que je vérifie que tous les objets soient bien en place. Je devais aussi dire bonsoir à chacune de mes dix poupées cachées sous le lit, sans quoi il m'arriverait quelque chose de grave. Avant d'éteindre, je m'obligeais à fixer une dizaine de secondes l'ampoule de ma lampe de chevet, malgré le fait que je savais que cela abîmait les yeux. Une fois la lumière éteinte, une seule chose m'apaisait : regarder une petite étoile fluorescente épinglée au mur sur laquelle était inscrit un passage de verset biblique « Ne crains point ». Ces mots remplaçaient ceux que j'aurais voulu entendre d'une voix bienveillante. Venus de

1. Troubles obsessionnels compulsifs.

Dieu, ils avaient encore plus de force. Une fois la lumière éteinte, je craignais que ma famille fiche le camp et je comptais sur mes doigts ceux qui allaient se coucher, car ils étaient alors moins susceptibles de décamper.

Au final, tout ce petit rituel que je gardais secret m'amenait à rester éveillée jusque tard dans la nuit et, ratant ainsi mon cycle d'endormissement, je n'arrivais ensuite plus à m'assoupir. J'étais paniquée par ce manque de sommeil. Et parfois, je réveillais mes parents pour leur signifier qu'à une heure du matin je n'étais pas encore dans les bras de Morphée. Ma mère me répond un jour : « Ne t'inquiète pas, on ne meurt pas du manque de sommeil ! » Par la suite, je saurai à quel point elle se trompait, moi dont chacune de mes crises se déclencherait à la suite de cycles de sommeil perturbés. Je n'avouais jamais à ma mère mes terreurs nocturnes. Régulièrement, à bout, et dans un geste somme toute assez inconscient, elle m'administrait un somnifère destiné aux adultes. J'en ai ingurgité des boîtes comme cela. Parfois, je me dis que ma résistance aux psychotropes d'aujourd'hui a pris naissance à cette période.

Enfant, j'avais peur. Peur de l'abandon, peur d'un environnement qui ne me sécurisait pas. Lorsque mes parents sortaient, je pensais que ma sœur empoisonnerait mon croque-monsieur du soir ! Je comprendrai plus tard qu'il y avait toujours eu une forte rivalité entre ma sœur et moi. Ainsi, j'ai vécu mon enfance dans l'insécurité affective.

Ma mère a pourtant, je dois avouer, essayé de prendre en main les problèmes de sommeil dont je me plaignais presque chaque jour. À sa manière. Ainsi allions-nous voir les médecins les plus excentriques possibles, rebouteux, astrologue, magnétiseur, expert en technique respiratoire et j'en passe. Elle a même essayé les placebos préparés « exprès pour moi » par le pharmacien, qui n'ont eu aucun effet, et les grandes marches en forêt effectuées l'une à côté de l'autre... sans échanger un mot. Je pense que, pour finir, un bon psychologue aurait fait davantage l'affaire. Mais, pour cela, il aurait fallu me laisser en tête à tête avec lui, ce qu'elle n'était pas prête à faire. Et puis, se soumettre à la parole et à l'échange, ce qu'elle n'avait jamais connu dans sa propre enfance. De ces sorties chez le médecin, j'aimais néanmoins le pain au chocolat auquel j'avais droit ce jour-là ! Et Jacques Chancel que nous écoutions toutes deux en silence dans la voiture, alors que nous nous rendions à Paris.

Le jour, une gaieté insouciante

La journée, en revanche, j'étais gaie. J'avais des amies, tout allait bien en classe. Je faisais du scoutisme, ce qui était pour moi un bonheur. J'y ai rencontré mes meilleures amies d'aujourd'hui. Ma mère, consciente de ce changement d'humeur entre l'extérieur et la maison, me disait : « Tu t'épanouiras hors du cercle familial. » Réflexion pleine de lucidité, mais qui est l'expression d'un fatalisme contre lequel je me suis toujours battue. Ce fatalisme était pour elle une vraie philosophie de vie. Les choses étaient « comme ça », on ne pouvait rien y changer. Sa petite dernière n'est pas heureuse à la maison ? Que pourrait-elle y faire ? J'ai toujours vu dans cette attitude un manque d'exigence maternel insupportable ; une paresse affective contre laquelle j'ai lutté des années durant.

Parmi mes moments de joie passés hors de mon cercle familial, il y avait ceux passés avec ma cousine qui était un vrai bonheur pour moi. Nous nous retrouvions aux fêtes de famille, notamment chez nos grands-parents, pour la traditionnelle dinde servie par la domestique de la maison. Nous riions comme des tordues de ce manège conventionnel, répété année après année sans l'ombre d'un échange avec nos aïeuls. Nos jeux d'enfants consistaient à dessiner des saynètes, reflets de notre vie de tous les jours, sous forme de bandes dessinées. Comme nous avons ri ensemble ! J'ai dans un coffre, toujours, lesdites bandes dessinées.

Petite, mes relations avec mes deux frères étaient proches de l'indifférence. Ils avaient sept ans de plus que moi, ils étaient jumeaux, ils étaient garçons, c'étaient les aînés, ils s'étaient construits une petite bulle à eux et s'autosuffisaient. Je ne saurais dire si ma sœur, de trois ans plus âgée que moi, avait un lien plus fort avec eux. Il est possible que oui.

J'ai pourtant un joli souvenir d'un de mes frères. Le frère « littéraire ». J'allais lire *Tintin* tous les soirs dans sa chambre, une fois mes devoirs faits. Il travaillait pendant ce temps-là. J'aimais sa compagnie qui me rassurait.

Avec ma sœur, j'étais beaucoup plus proche, naturellement. Mais j'avais fait l'erreur de compter sur elle pour être une deuxième maman, rôle qu'elle n'a jamais accepté. Elle sortait vite les griffes. Je crois l'avoir étouffée un peu lorsque nous étions petites. Je lui en demandais trop, et elle me l'a fait comprendre. Cela a généré une distance de ma part, plus tard et pendant des années. Ce n'est qu'adultes que nous nous sommes retrouvées.

C'était une volontaire, une fonceuse, une solide. J'avais le charme pour moi. Nous nous battions, bien sûr, pour le regard du père. Elle épatait la galerie avec ses exploits en équitation et ne ménageait pas ses efforts pour être dans la lumière ! J'étais la petite sœur dans son ombre ou du moins c'est ce que je lui laissais croire. Moulée dans ce rôle, je suis, me semble-t-il, et même encore adulte, restée une « petite sœur ».

Un père absent

Quant à mon père… J'en ai peu de souvenirs de petite fille. Son époque et surtout son milieu (ou celui de sa belle-famille !) voulaient qu'il se soucie principalement de son travail, de la paroisse ou d'autres activités associatives, comme faisait son beau-père. Le reste du temps était consacré aux deux fils aînés. Dans ces familles bourgeoises, les garçons comptent avant tout. Les filles se marieront. Peu d'attention pour les deux petites, sauf à l'occasion de quelques fessées. Car la bien drôle idée de mes parents était que « l'éducation, c'est du dressage ». Combien de fois n'ai-je pas entendu cette parole dans la bouche de mon père ! À se demander si Françoise Dolto était passée par là… Mes frères n'ont pas été épargnés par cette bizarre approche… Lorsqu'ils étaient bébés, mes parents remplissaient leurs assiettes de manière volontairement inégale, sous le prétexte que « la vie est jonchée d'inégalités », ravivant ainsi les douloureuses rivalités liées à la gémellité. Et les cris des bébés devant cette injustice les faisaient beaucoup rire, disaient-ils...

Rivalités, jalousies

Rivalité, jalousie... voilà des sentiments que j'ai vraiment ressentis de la part de ma mère. « La rivalité vient d'un sentiment de similitude », me dit un jour un psy. En effet, j'ai le sentiment que ma mère me voyait comme dans un miroir – elle vint en blanc à mon mariage ! Elle disait me « connaître par cœur » et me désigna même symboliquement comme son héritière – c'est à moi qu'elle a donné le bijou de famille comme cadeau de dix-huit ans. C'est ainsi que j'ai été inscrite dans la lignée. Plus tard, j'aimai la « chose » intellectuelle et j'épousai un homme « de caractère ». J'avais ainsi acquis mes quartiers de noblesse !

Mais pourquoi donc alors ce combat, cette lutte à couteaux tirés, ce corps à corps permanent ? Pourquoi me faire souffrir, si je lui étais si proche ?

Une phrase de ma mère m'est restée, grâce à un psy qu'elle avait tant choqué, lors de ma première dépression, un jour de très grande déprime je menaçais de mettre fin à mes jours : « Tu sais, me dit-cllc calmement, de même que je suis contre la peine de mort, je suis contre la peine de vie. » Voilà qui est de l'incitation au suicide, conclut le psy.

J'aurais voulu une maman aimante, une maman douce, une maman enveloppante, comme dans les histoires pour enfants... Et je continue à penser que cette maman-là, à tort ou à raison, m'aurait protégée, peut-être pas de la maladie elle-même, mais de l'ampleur des troubles et des malheurs à venir.

Mais je n'étais alors qu'une enfant née une petite cuillère en argent dans la bouche, une petite fille qui pleurait la nuit, consciente que quelque chose n'allait pas, que l'angoisse l'assaillait, qu'un malaise l'envahissait et qui se demandait comment elle pourrait grandir ainsi.

Une adolescence fragile

Hélène

« On a conscience avant, on prend conscience après. »

Oscar WILDE,
Le Portrait de Dorian Gray

Je poursuis mon collège dans cette petite école catholique au public disparate et dirigée par un directeur paternaliste. Cet homme d'origine italienne, dont la veine frontale saillit à chaque coup de gueule, écoute et surveille ses élèves comme les enfants qu'il n'a pas eus. Quant à Marine, elle est partie dans le lycée voisin, en bas de la rue. Il y a dorénavant autant de distance entre nous qu'il y en a entre les deux établissements que nous fréquentons. À mon grand regret.

Je me fais quelques amies, Corinne, Célia et Amandine. De bonnes copines, mais jamais suffisamment nombreuses à mon goût pour combler mon ennui. Des amies avec qui j'écris dans un journal intime commun nos premières préoccupations de jeunes filles. Nous piapiatons sur les garçons et les filles de la cour de récréation. Je raccompagne Corinne après l'école et en profite pour me rapprocher de son frère. Je passe discrètement des heures au téléphone avec Célia avant d'être interrompue par mon père (« le téléphone, ça coûte cher, tu sais ! ») et cours jusque chez Amandine pour écouter Madonna. L'une m'explique les problèmes féminins. L'autre me parle d'astrologie et m'offre mon premier tube de rose à lèvres pour mon anniversaire (quand mes parents m'offrent un coffre en bois et une étagère). La troisième me refile ses *OK ! Magazine*.

Tout cela face à la moue dubitative de ma mère. Elle qui n'a pas de Rimmel dans sa salle de bains et qui ne nous parle jamais de féminité. Elle qui m'ordonne de laisser mes bijoux à la maison avant de me rendre à l'école ou à la messe. Elle qui nous organise des ateliers de pyrogravure, de fabrication de bougies ou d'élaboration de limonade de sureau lors de nos rencontres scouts.

Tout cela face au désintérêt de ma sœur qui est aussi garçon manqué que je suis coquette. Elle se lasse de mes minauderies et de mes pleurnicheries. Oui, mes crises de colère et de larmes, au milieu de ces trois frères et sœur, sont nombreuses et de plus en plus fréquentes.

Comme le jour où j'explose en sanglots lorsque mes frères ont la bonne idée d'entrer avec leurs bottes toutes crottées dans la salle de bains au carrelage bleu que je viens de nettoyer intégralement.

– Maman ! Ils ont sali tout ce que je viens de nettoyer !

– Ce n'est pas grave, c'est juste de la terre, me répond ma mère, sans prendre le temps de les sermonner.

Certainement pas grave pour une maman aguerrie à travailler sans relâche et pour qui le ménage d'un peu plus ou d'un peu moins ne fait pas la différence sur la longue liste des tâches quotidiennes à réaliser, mais pas insignifiant pour moi. Moi qui m'évertue à seconder ma mère chaque jour. Cette différence de traitement génère de la colère vis-à-vis de mes frères et développe ce sentiment d'injustice dont je me sens victime. Sentiment exacerbé vis-à-vis de mon petit frère, le petit dernier, bêcheur et colérique, qui casse tout mais n'en est pas puni pour autant. Je ne manque pas de me venger en lui versant des verres d'eau sur la tête lorsqu'il passe sous les fenêtres de l'appartement.

J'éclate en pleurs un soir. Ma mère est affairée à son évier et nettoie la salade pendant que je sors les couverts de la grande armoire jaune pour dresser la table.

– J'ai eu un 20 en maths aujourd'hui et un 18 en français, dis-je, en déposant les fourchettes à gauche et les couteaux à droite de chaque assiette.

– Hmm, tu veux bien me sortir le grand saladier du placard ?

– Tiens, voilà. J'ai eu les meilleures notes !

– Va dire à tes frères et sœur que l'on mange dans dix minutes.

– Ok, ai-je répondu.

Le temps de poser les verres sur la table et de filer à l'école m'épancher auprès du directeur. Je grimpe quatre à quatre les escaliers en bois et toque à la salle où est organisée l'étude pour les pensionnaires.

– Monsieur, je peux vous déranger ?

– Qu'est-ce qui se passe ? me dit-il en sortant dans le couloir.

– Mes parents ne m'aiment pas !

– Mais qu'est-ce que tu me racontes ?

– Oui, je n'entends jamais mes parents me dire que c'est bien ! Jamais ils ne me félicitent pour mes bonnes notes ou me remercient pour les services rendus pendant que mes frères et sœur restent bien tranquillement dans leur chambre.

– Ils doivent certainement le penser et te l'exprimer autrement.

– Non, non, jamais, je vous dis qu'ils ne m'aiment pas.

– Mais bien sûr que si, me répond celui qui accueille chaque année dans son école des enfants de la DDASS ou autre enfant à problème de la banlieue parisienne. Allez, rentre maintenant, il est tard. À demain.

Je pleure à tout bout de champ et à n'importe quelle occasion. À chaque repas, je tremble ! À l'heure du sacro-saint gâteau, *a fortiori* quand il s'agit d'un gâteau au chocolat, je scrute la découpe du gâteau que s'apprête à opérer ma mère.

– Maman, elles ne sont pas égales tes parts.

– Mais si, je ne peux quand même pas les couper au gramme près et au millimètre près.

– Alors si elles sont coupées à parts égales, je veux celle-là, la plus grosse.

Tout cela me vaut la raillerie de mes frères et sœur qui pensent que je ne suis bonne qu'à pleurer et à me plaindre. Un vrai Calimero !

Au-delà de ma gourmandise, voire de mon goût prononcé pour le chocolat, je développe un sens du détail qui ne fait qu'alimenter ma perception de l'inégalité et de l'injustice.

Je perds ma joie de vivre

La vie est ainsi ponctuée de quelques larmes, coups de gueule, de colère, de bagarre ou d'injures entre frères et sœurs. Chacun essaie de trouver sa place et d'exister aux yeux de nos parents. Je tente tous les subterfuges pour obtenir quelques gestes tendres.

Depuis mon lit, j'appelle ma mère pour l'extirper du bureau où elle s'affaire à ses papiers administratifs. Je prétexte un secret pour la tirer contre moi et obtenir un baiser. Ils se font rares.

Mais je me raccroche à mon petit nuage, mon premier amoureux. C'est un copain de mon frère. Nous montons sur la colline du château le mercredi après-midi pour nous bécoter. Des baisers au goût de frangipane. Il fait des kilomètres à vélo pour venir voir mon frère le week-end. Ou plutôt pour venir me voir. J'aime qu'il me serre dans ses bras et en même temps j'aime lui résister. Les sentiments que je lui porte me transportent et me donnent des ailes. Fleur bleue et idéaliste, je vis un amour inconditionnel dans toute son innocence et sa pureté.

Mais mes sentiments n'échappent pas au regard critique de mes parents. Ce jeune homme ne semble pas beaucoup leur plaire. Fils de parents divorcés, d'un père agriculteur et d'une mère cuisinière de fortune, il ne répond pas aux critères familiaux. Mes parents ne font pas l'effort de le connaître et de l'apprécier. Qui plus est, mes sentiments ne sont pas pris au sérieux, comme si tomber amoureux était une entreprise réservée à un âge plus mature. J'en suis d'autant plus meurtrie que je pensais qu'en tant que valeur universelle l'amour était plus fort que tout et pouvait m'affranchir de tout !

Dans une famille où il me semble qu'il y a peu de place pour les sentiments, j'ai l'impression qu'en avoir n'est pas noble. Serait-ce dégradant d'aimer ? Serait-ce pécher que d'avoir des sentiments ? L'adolescence est-elle un âge trop jeune pour aimer ?

Je n'aurai pour réponse qu'une prescription d'Euphytose[1] à la suite d'une très courte période où j'ai cessé de m'alimenter puis décidé de prendre mon chocolat chaud du matin dans un biberon !

Je perds ainsi petit à petit ma joie de vivre et deviens de plus en plus pensive et nostalgique. Pourtant, pendant toutes ces années, nous figurons au centre des préoccupations et de la gestion quotidienne et rigoureuse de nos parents. Nous n'avons jamais manqué de rien (comme dirait ma mère), sinon d'écoute, de regards, de compréhension et d'affection ! Une vie sans complication mais, surtout, une vie sans éclats de rire, sans légèreté, sans surprise.

J'ai le vague à l'âme

L'adolescence se poursuit. Je profite des vacances estivales pour faire de nombreuses gardes d'enfants. Celles-ci me permettront au fil des ans de visiter la France et d'échapper à la vie limousine et aux camps scouts dont je supporte mal la vie communautaire.

---

1. Médicament de phytothérapie traditionnellement utilisé pour réduire les troubles mineurs de l'anxiété.

À la fin du collège, je quitte Aubusson pour un lycée catholique et bourgeois de Limoges. Mes amitiés et mon histoire d'amour n'auront pas raison de cette distance. D'ailleurs, je n'avais pas attendu ce changement d'école pour congédier Célia d'une simple lettre, une veille de rentrée scolaire, en lui faisant savoir que je ne la trouvais plus intéressante et que je ne voulais plus la voir. Comme cela, du jour au lendemain, sur un coup de tête ! Étrange ?

Tous les dimanches après-midi, le vague à l'âme, je prépare mon sac pour la semaine à venir. Quand nous ne prenons pas le car, ma mère nous emmène, ma sœur et moi, dans sa Diane Citroën dans laquelle, passé les soixante-dix kilomètres à l'heure, nous avons l'impression de nous envoler. Je ne suis pas pressée de regagner ma chambre chez une cousine. Ma sœur loge dans un petit studio en centre-ville. Les semaines sont longues et les week-ends trop courts. Les amitiés rares. Je ne comprends pas pourquoi, au nom d'une éducation catholique, il faut se contraindre à se partager entre l'école à un endroit la semaine et la vie familiale à un autre endroit le week-end.

Puis, l'année suivante, mon frère nous rejoint, et nous nous installons dans un appartement de fortune prêté par un grand-oncle ou plutôt quatre pièces de part et d'autre d'une cage d'escalier avec les toilettes à l'étage. Je partage avec mon frère une chambre jouxtant la pièce qui, avec un lavabo et un robinet d'eau froid, fait office de salle de bains. Ma sœur occupe la chambre de l'autre côté du palier donnant sur la cuisine où le petit dernier installe son lit faute de place, quand il nous rejoint à son tour.

Chaque matin, d'un pas pressé, je quitte cet appartement vétuste avoisinant une rue abritant deux maisons closes. Je file à travers le centre-ville avant de traverser la Vienne pour arriver à l'heure à mes cours, afin d'échapper aux sanctions ou aux sermons de la surveillante générale qui n'hésite pas à utiliser les grands moyens pour faire régner l'ordre et le respect.

J'ai délaissé ma blouse rose pour un jeans à la petite étiquette rouge sur la poche arrière, une chemise vichy, des chaussettes à losanges dans des mocassins ferrés. Je suis une élève attentionnée. Je n'hésite pas à lever le doigt pour poser des questions et pour répondre avant tout le monde, à la grande exaspération de Clara ou de Sofia, mes seules amies dans la classe.

J'écoute et je m'interroge sur cette maman d'une famille très nombreuse qui nous fait l'enseignement religieux. « Quand je cuisine et que je reprise les chaussettes de mes enfants, je le fais avec joie et dans l'amour de Dieu. » Je ne comprends pas sa joie de vivre face à des tâches aussi répétitives et rébarbatives, voire ingrates. Ces mêmes tâches qui retiennent ma mère dans sa cuisine tous les dimanches matin pour nous mitonner des plats que nous réchauffons la semaine. J'aurais préféré manger des pâtes ou tout autre plat que nous aurions cuisiné nous-mêmes.

Une vie où nous nous croisons, où nous nous côtoyons. Ma sœur joue de la guitare, mon frère écoute ses matchs de foot et le petit se défoule sur son BMX. J'apprends mes cours par cœur et stresse à chaque contrôle. Au point qu'une nuit, je me réveille en sursaut et sens ma tête retomber sur l'oreiller comme si elle avait été sabrée. Un vrai coup du lapin qui laisse sceptiques tous les professionnels de santé que je consulte et dont je garde encore pourtant une raideur cervicale.

Stress qui se renforce au fur et à mesure que la relation finit de se tendre avec le petit dernier. Un frère de trop à mon goût. Si je me rapproche du plus grand, les coups partent et les larmes coulent avec le dernier. Je n'ai pas raison de sa force nerveuse. Je n'ai qu'une envie, le tuer. Jusqu'à ce mercredi soir où je descends à la cabine téléphonique sur la petite place d'en face pour appeler ma mère.

– Maman, le petit dernier n'arrête pas de me frapper, lui dis-je en pleurs.

– Arrêtez de vous chamailler et essayez de vivre dans la charité chrétienne.

– Mais, maman, ce n'est pas possible, lui dis-je en sanglotant.

Jusqu'au coup de trop où je débarque en retard et avec un œil au beurre noir dans le bureau de la surveillante générale qui demande à mes parents de mettre en pension mon jeune frère. La rancune fut longue et tenace ! À la suite de cet épisode je suis alors un peu plus sereine pour préparer mon baccalauréat.

Je me console tant bien que mal. Et mon bac en poche, je quitte le lycée pour faire mes classes préparatoires à Poitiers.

Je m'affranchis

Marie

L'adolescence, une libération

Mon adolescence est une véritable libération. Enfin, je suis dotée d'un corps qui m'est propre, d'une pensée autonome, d'une raison qui me relie au réel. Je ne suis plus la petite boule d'émotions que j'ai été petite, recroquevillée sur ses angoisses, jouet, parfois, du diktat parental. Enfin, je peux agir, réagir, ressentir, aimer et être aimée, comme bon me semble. Je ne m'en prive pas !

Ce fut une belle période.

Les amies qui partagèrent avec moi cette époque figurent parmi mon entourage le plus proche aujourd'hui. C'était la fin des années soixante-dix. Vers quatorze-quinze ans, nous allions au marché aux puces acheter des robes indiennes, arborions nos chèches mauves en toutes occasions et écoutions Patti Smith et Pat Benatar.

À dix ans, j'avais rencontré Anne aux scouts protestants. Elle entra très vite dans mon cercle familial, de même que je partageais le sien, ô combien singulier ! Nous avions les mêmes intérêts d'ordre culturel, étions au coude à coude dans nos exploits scouts, avions développé un petit esprit « compet' » finalement assez stimulant. Plus tard, sa grande sœur se fiança avec mon frère. Les fiançailles rompues, nous restâmes grandes amies, malgré les ressentiments parentaux de part et d'autre.

Blandine arriva quelques années plus tard. Je la connus par la paroisse également. Nous avions treize ans et étions dans l'âge des jolies découvertes de la vie, mais aussi dans le ressenti d'un malaise familial. Nous échangions sur tout. Les mystères de l'esprit et des états d'âme n'avaient pas de secret pour nous. Nous nous sommes envoyé mille lettres. Nous passions nos vacances l'une chez l'autre. Blandine avait alors la timidité des oiseaux qui sortent du nid.

Je me suis construite avec ces amitiés-là. Elles constituaient mon environnement affectif le plus proche. Ces rencontres furent une grande chance.

Plus tard, j'eus un petit copain qui me procura affection et stabilité. Plusieurs amis garçons me courtisaient, je me sentais aimée. J'étais jolie et gaie, plutôt drôle. Tout me réussissait. J'adorais danser et j'étais un pilier de soirées. Affranchie d'une famille qui n'avait rien compris à mon malaise et à mes angoisses, je dormais enfin la nuit. Et je laissais presque avec un certain dédain ma sœur à sa passion des chevaux !

J'étais dans un lycée à sections internationales de la banlieue parisienne, et j'y découvrais le plaisir des langues et celui du français qui fait penser et réfléchir sur la vie. Dans ma grande liberté, j'avais choisi la voie qui m'intéressait, c'est-à-dire les études littéraires. Je ne peux pas dire, en effet, avoir souffert de l'ombre d'une pression pour les sacro-saintes études scientifiques, mes parents m'ayant laissée seule avec moi-même sur le sujet.

Pas l'ombre d'une discussion sur mon orientation ! C'était sans doute une liberté au rabais que j'avais là, mais au moins la pris-je positivement. Comme une liberté.

Avec des amies du lycée, nous avions une passion commune : le théâtre. Ensemble, nous courrions le dimanche les pièces parisiennes. Dans une MJC de banlieue, nous jouions des extraits de pièces choisies entre nous. Nous nous sommes bien amusées de nos tâtonnements sur le *Huis Clos* de Sartre… J'étais Estelle, la riche mondaine, Alix était Garcin et Frédérique retrouvait en Inès le miroir de son homosexualité naissante… Une autre fois, c'était Anne qui incarnait pour nous avec brio la marquise Cibo de *Lorenzaccio* ! C'étaient des moments exquis.

À la maison, c'était l'enfer

J'avais enfin les mots pour parler, alors à la maison, je ne m'en privais pas. Je harcelais ma mère de mes propos, de mes jugements. J'étais en pleine adolescence et je recherchais chez elle un contact, une écoute, un accompagnement que je ne trouvais pas. Je voulais réveiller son indifférence, la ramener à la vie, à la mienne. C'était peine perdue.

Maman était emmurée dans sa muraille de Chine. Plus je la sollicitais, plus elle se soustrayait à moi. Nos conversations étaient réduites à quelques mots. Nos rapports sans intimité. À l'évidence, mon exigence d'affection lui rappelait quelque chose d'insupportable. Une impossibilité. Étais-je de mon côté une enfant difficile ? Trop exigeante, trop impatiente ? Demandais-je l'impossible ? Je ne saurais le dire. Incarnait-elle la dureté, ou bien était-ce moi ? Qu'est-ce qui avait fait que les mots ne passaient pas, couraient et se cherchaient sans jamais se rencontrer ?

La maladie avait-elle déjà pointé ses symptômes faisant de moi l'être différent qu'une mère trop inflexible n'était pas prête à accepter ? Une chose est sûre, à la maison, c'était l'enfer.

Mes frères et sœur avaient quitté le nid, et j'étais seule avec une jeune étudiante logée dans une des chambres de la maison laissées libres. Ma mère me fit alors part d'une suggestion : pourquoi ne pas rejoindre le lycée de la ville où habitait sa sœur, loger chez celle-ci et revenir le week-end ? J'acquiesçais. C'était une bizarre façon de régler les problèmes, mais je fus d'accord. La solution s'avéra bienfaitrice. Je regrette juste que les mots pour me l'annoncer n'aient pas été sincères, et que cet éloignement n'ait pas pu donner lieu à un échange authentique.

J'avais alors quinze ans, et je faisais ma valise tous les dimanches soir pour une petite semaine d'exil... Mon oncle et ma tante étaient calmes, bienveillants et attentifs. Je n'en demandais pas plus. Par la suite, et tout au long de mes misères à venir, je ne sais pas ce qu'ils en comprirent, mais ils étaient là. Je les aimais.

Mes études, mon antidote à la folie

En deuxième année de fac, après une hypokhâgne effectuée dans mon lycée d'origine, j'optai pour la philo, à la Sorbonne dans le noble département de Paris IV, en parallèle à un cursus de communication à Paris II. Je voulais du raisonnement, du rationnel, du concept.

Je voulais sortir de moi-même et d'une pathologie que je sentais à fleur de peau. J'avais des vertiges émotionnels réguliers, une sensibilité exacerbée. C'était normal, pensais-je. Mais prise de vertige par des malaises psychologiques récurrents, j'avais quand même été consulter un psychologue avec mon argent personnel. Il me renvoya chez moi, évaluant mon cas comme non pathologique. La suite montrera la perspicacité du diagnostic ! Pour mes études, je voulais le contraire de l'émotion, du singulier, du concret. Je voulais me raccrocher aux branches de la raison, la vraie, la noble et l'universelle. Comme arme de combat et moyen de survie. Pas pour participer à quelque joute intellectuelle, pas pour briller dans les dîners en ville. Non, pour comprendre l'essentiel, l'humain, pour me sortir du marasme qui s'emparait de moi peu à peu, et qui, en réalité, ne m'avait pas quittée, depuis mon enfance. La philo comme antidote à la folie. Celle qui commençait à gronder en moi. En sourdine.

Mon père avait fait une grande école de commerce, mais il ne cachait pas son goût pour la philosophie. À son époque, on valorisait cette discipline, me dit-il. Il m'imaginait mariée à un agrégé de philosophie et ses yeux pétillaient à cette idée. Ses brillants amis avaient suivi cette voie. Je devins alors à ses yeux un interlocuteur digne de ce nom. Nous pouvions discuter, de choses ou d'autres, ma petite personne l'intéressait. Enfin. J'avais dix-huit ans et nous nous sommes découverts mutuellement. Mes frères et sœur avaient quitté la maison, j'avais de la place pour m'exprimer. Je n'étais plus cette petite fille qui laissait les repas du soir se dérouler sous ses yeux sans un mot car les « grands » prenaient toute la place, et qu'elle considérait sa manière d'exister autrement que par un besoin de domination. Je lui parlais vrai et je partageais avec lui le tempérament gai de la famille paternelle. S'il ironisait sur mon rire franc, c'est qu'il avait le même ! J'aurais été prête à délivrer beaucoup de mon malaise familial, et sans doute les choses auraient-elles pu s'atténuer si ma mère, par crainte de mon influence, n'était pas intervenue auprès de lui pour l'éloigner de moi ! Au cas où le miroir...

Ma mère, un personnage déroutant et inaccessible

Ma mère me laissait beaucoup de liberté physique sans vraiment s'en rendre compte. Il m'était même arrivé plusieurs fois de découcher sans que personne ne s'en aperçoive. Je revenais au petit matin, tranquille et d'attaque pour le petit déjeuner. Mais parallèlement, aucune discussion avec elle n'était possible, et surtout pas s'il s'agissait de remettre en cause quoi que ce soit de l'ordre établi. Mieux, il fallait la conforter dans un monde beau et gentil. Un monde d'où toute souffrance serait absente ou balayée d'un coup de cuillère à pot.

Maman avait cette capacité à mettre le couvercle sur les problèmes, à faire l'autruche. « Ce n'est pas grave », disait-elle, même du pire. Elle considérait en effet le suicide, le handicap, la maladie, comme des fatalités contre lesquelles on ne pouvait rien. Ma maladie avérée plus tard ne lui a pas soutiré l'ombre d'une parole d'empathie ou de bienveillance. Il lui fallait vivre dans une couche de coton ouaté, être un peu loin de la réalité du monde, pour supporter la vie. Et elle tissait sa toile d'acier, parfois au détriment de tous.

Elle aimait être seule, détestait les dîners bourgeois dans lesquels elle n'existait que comme l'épouse du mari. Elle était inflexible sur les principes, mais capable d'une déconcertante excentricité. Lorsque j'étais adolescente, elle arborait des chaussures en croco et des salopettes violettes au sein d'un environnement plutôt « colliers de perles ». Je ne sais si, accoutrée ainsi, elle était la risée de son entourage ou si c'était elle qui s'en amusait. J'ai tendance à penser qu'il y avait en elle le goût de la provocation. Dans sa jeunesse, alors qu'elle avait été brièvement laborantine au Collège de France, elle était venue à une soirée déguisée avec un collier de souris endormies autour du cou ! Cette anecdote la faisait beaucoup rire, alors qu'elle m'effrayait totalement.

Ma mère est à mes yeux un personnage surréaliste, véritable métissage de normes morales et d'anticonformisme social faisant d'elle un personnage déroutant et inaccessible. Elle est en cela la digne héritière d'une famille qui est pour moi un enchevêtrement d'une forme de liberté d'esprit et d'un rigorisme spirituel ankylosant. Enchevêtrement que je porte dans mon héritage – elle était la fantasque, je serai la folle – et que je me prends, après des années de rejet, et peut-être malgré moi... à aimer.

Montagnes russes

Hélène

Je rate mes études !

« L'esprit a des facettes et l'âme a des versants. »

Arthur Cravan, *VVV*, juin 1942.

Depuis toute petite je rêve de faire du commerce. C'est un de mes passe-temps favori. Jouer à la marchande petite avec Céline, puis vendre des billets de tombola pour la fête de l'école, des bougies sur le marché au profit des scouts ou des pelotes de laine dans le magasin Phildar de la mère d'un copain de classe. Avec mon entrée en classe préparatoire HEC, mes aspirations de petite fille se concrétisent. Mais non sans efforts.

L'omnibus Limoges-Poitiers m'emmène dans cette ville universitaire humide qui n'a, à me yeux, d'attrayant que son parc d'attractions, le Futuroscope. Je passe inlassablement des bancs de l'amphithéâtre à mon bureau, dans l'appartement sommaire que je partage avec Véra, ma colocataire. Je ne déroge à un emploi du temps laborieux que pour une séance de piscine avec Steffy. Ma vie studieuse et monacale sera pourtant vaine. C'est mon premier échec scolaire.

Je profite quand même de mon été pour réaliser le stage « ouvrier » prévu. J'occupe alors un poste d'aide-soignante dans le service de grabataires d'un hôpital. L'environnement où j'atterris m'est totalement inconnu. Je me retrouve à côtoyer des dizaines de grands-parents potentiels que je n'ai jamais eus. Je découvre une organisation où le travail est abattu dans la routine. J'ai le cœur serré face aux nombreux besoins de tous ces patients. Je lutte contre mes angoisses, ma sensibilité et mes émotions. J'achève mon stage éprouvée. Il m'est difficile de prendre de la distance avec mon émotivité et je ne peux contenir ma sympathie pour tous ces malades. Mon acuité émotionnelle se révèle.

J'ai à peine le temps de récupérer et de renouer en catimini avec mon premier amoureux, qui m'avait délaissée alors que je m'apprêtais à rentrer au lycée, qu'il est déjà temps de reprendre le chemin des classes préparatoires.

Je m'éloigne encore un peu plus du foyer familial pour refaire une classe préparatoire à Nantes. Je m'intègre difficilement dans une classe peu accueillante. C'est une classe studieuse, qui s'offre le luxe d'une soirée étudiante la veille des vacances de la Toussaint.

Une soirée qui, pour moi, se termine en coucherie. Un réveil en panique. Qu'est-ce qui m'a pris ? Je dois prendre le train le soir même pour retrouver mon amoureux. Est-ce une vengeance contre ce garçon qui m'a lâchement abandonnée quatre années auparavant. Je suis abasourdie par la situation. Je ne peux que mettre un terme à notre relation.

Je prétexte un besoin de repos et passe le reste des vacances en pyjama, terrassée au fond de mon lit. Le temps de ressasser la situation. Mon esprit gamberge. Je me pose les questions du pourquoi et du comment. Je m'emballe en échafaudant des plans hasardeux. Pourquoi ne serai-je pas enceinte par la même occasion ? Avec un système hormonal capricieux, je me trouve tous les symptômes d'une grossesse. J'ai mal au cœur, au ventre, aux seins. Je suis complètement déstabilisée par cette éventuelle hypothèse, qui remet en cause non seulement mes convictions concernant le don de la vie, mais aussi par le potentiel affront familial. J'attends désespérément l'arrivée de mes petites anglaises. En vain. Je décide alors de grever mon budget de l'achat d'un test de grossesse. Il s'avère négatif, mais cela ne suffit pas à enrayer l'anxiété généralisée qui me ronge.

Comment expliquer cette mise en danger, une telle idée, une telle panique ? Cette rumination anxieuse s'est ajoutée à la fatigue morale à moins qu'elle ne s'en soit nourrie. Est-ce l'idée d'une possible grossesse qui a catalysé la déprime ? Ou est-ce la déprime qui a généré cette paranoïa ? Je n'ai pas la réponse, mais je sais qu'à ce moment-là mon mal-être s'est cristallisé en dépression.

Une dépression qui démarre à l'automne... Durant plusieurs mois, je me noie dans ma colère, mon chagrin, ma détresse et ma solitude. J'ai la nostalgie de mon enfance et j'aimerais me rapprocher de mes parents.

La dépression s'aggrave durant l'hiver. Et je trouve pour seul antidote les bras de l'un de mes professeurs qui aurait pu être mon père. Je n'ai aucun désir sexuel pour cet homme.

Crise d'adolescence à retardement, réaction aux valeurs familiales, besoin d'affection, de reconnaissance, de paternalisme... J'ai tout entendu ! Ce fut sans doute un mélange de tout cela. Mais aussi le besoin d'une écoute attentive et mature. Écoute qui ne pouvait émaner que d'une âme sensible, écorchée vive et non conformée au modèle social.

À ce moment précis, ma dépression atteint son paroxysme. J'ai vingt ans. C'est le trou noir. Je suis physiquement enfermée dans un tunnel où je ne vois ni lumière, ni sortie. Je me sens oppressée et engluée. J'ai la tête lourde, pleine de ces pensées qui tournent en boucle. J'ai mal au cœur. J'ai mal partout. Je ne suis nulle part. Je suis murée dans mon silence et dans mon trou. Je suis tout simplement perdue.

– Je vais vous examiner, me dit l'infirmière scolaire.

– Dois-je retirer mon pull ?

– Oui, je vais prendre votre tension.

Elle presse énergiquement la poire du tensiomètre et d'un air affolé me dit :

– 17/9 ! Vous avez la tension d'une femme en train d'accoucher. Votre état demande du repos. Je vous dispense de cours pendant quinze jours.

Mes parents prennent le soin de m'emmener au grand air des monts d'Auvergne. Le paysage est aussi blanc que mes idées sont noires. Seul le crissement des pas sur la neige perce le silence. Il n'en sort rien, sinon la nécessité de me rendre au rendez-vous que ma mère a pris pour moi avec le psychiatre.

À peine quelques mots échangés et je ressors encore plus mal à l'aise. Comment ce petit monsieur rondouillard, rouquin, à moitié chauve, aux doigts boudinés, qui ne respire ni le bien-être ni l'équilibre, peut-il me convaincre que son traitement m'aidera ? Il me prescrit deux médicaments dont je ne connais pas les vertus. Je m'apercevrai bien des années plus tard que ce sont un anxiolytique et un antidépresseur. Au bout de quelques jours de traitement, je suis complètement ensuquée. La réalité m'échappe. Cet état secondaire me pousse tout naturellement à arrêter ces médicaments pour recouvrir vigilance et lucidité.

Avec le recul, je comprends que cet épisode a été ma première dépression majeure. « Avez-vous des réactions émotives intenses à des événements qui n'en valent pas la peine ? » me demandera ma psychiatre dix ans plus tard au moment du diagnostic. Oui, cet événement a pris une dimension disproportionnée, alors qu'à cet âge les relations amoureuses sont des expériences qui font partie des découvertes de la vie. Heureusement que tout jeune adulte ne se retrouve pas en dépression après un échec amoureux ou un échec scolaire ! Ce que je vivais comme une tragédie n'était pas tant la cause de ma dépression qu'un premier révélateur de mon trouble bipolaire.

Je m'extirpe progressivement et naturellement de cette crise dépressive après quelques mois en m'accrochant tant bien que mal à mes études. Mais cette seconde classe préparatoire se solde par un nouvel échec relativement prévisible. Pour mes parents qui se contentent de la bonne évolution scolaire de leurs enfants, les échecs remportent à peine plus d'attention que les succès. Si je vis ceux-ci comme des drames, mes parents, eux, ne s'en formalisent pas et continuent à me faire confiance dans le choix de mes études.

Il me faut pourtant décider de ma vie, moi qui ai alors déjà de grandes difficultés à prendre des décisions. Trop craintive d'un mauvais pas, je ne m'autorise aucune fantaisie ou frivolité. Mon caractère sérieux, voire grave, m'éloigne de mes contemporains. Autant ils s'ouvrent à la vie, autant je sombre dans mon mal-être. Après de longues hésitations, j'échoue en faculté, dans la honte et la culpabilité. Là aussi, il m'est difficile de me sentir à ma place dans les amphithéâtres bondés.

Un soir d'hiver, ma sœur m'appelle pour m'annoncer qu'elle est enceinte. Comment imaginer un enfant hors mariage dans une famille catholique, pratiquante, où le regard et le jugement des autres ne sont pas neutres ? Je crois à un canular. Une frayeur s'empare de moi. Mon empathie exacerbée me joue un mauvais tour. Je fais une véritable crise de nerfs, comme si la situation était la mienne. Le lendemain, dans un état congruent, je ne peux sortir de mon lit. Pour la première fois de ma vie, je sèche les cours. Un comportement qui me surprend, mais qui ne m'interpelle pas plus que cela ! (*« Avez-vous des réactions émotionnelles brutales ou impulsives ? »*)

L'année se solde par un nouvel échec. La voie royale que j'avais envisagée s'est transformée en un parcours chaotique et peu glorieux. Le stress, l'angoisse et la dépression, soit les prémices de la maladie, l'ont emporté. Le rêve s'est transformé en cauchemar. Je regretterais toute ma vie d'avoir échoué dans mes études que j'étais pourtant capable de mener.

À ce naufrage scolaire s'ajoute la stigmatisation de ma relation affective par mon entourage amical et familial sans exception. Si l'on me porte peu d'attention et d'intérêt jusqu'alors, me voilà désormais conspuée et jugée. Finalement, mes échecs scolaires ne sont pas si graves face à cette relation désastreuse ! Cet homme considéré comme malsain n'a droit ni de séjour ni de cité. Tout ce que je fais avec lui est mal vu, sinon pas vu. Je ne suis alors pas digne de l'éducation et des valeurs que j'ai reçues. J'en veux à la terre entière et surtout à leurs sacro-saintes valeurs judéo-chrétienne qui m'ont été répétées toute ma jeunesse : respect, charité, accueil, partage. Où sont-elles ? Qui les met réellement en pratique ? « Tu ne jugeras point ! » est-il écrit. Qu'ont-ils fait de la parole de ces hommes de la Bible ?

Affectivement, j'étais encore une toute petite fille qui cherchait, par tous les moyens, à se faire cajoler. Je pensais tout bonnement que je serais sereine le jour où je m'épanouirais dans une relation amoureuse stable et répondant aux normes sociales.

Je ne pressentais rien du tout. J'avais juste conscience d'avoir eu une dépression aiguë. Dépression que je pensais être l'achèvement d'un mal-être qui n'avait que trop duré et qui ne demandait qu'à être soigné.

En fait, elle n'était que l'émergence de mon trouble bipolaire. J'étais encore complètement ignorante de la maladie et naïve au point d'espérer, dans cette période tourmentée, des lendemains meilleurs. Je n'imaginais pas que cet épisode serait annonciateur d'une série d'accès dépressifs. Et j'ignorais encore tout de l'hypomanie.

Je brûle la vie par les deux bouts

« Hâtons-nous de succomber à la tentation, avant qu'elle ne s'éloigne. »

ÉPICURE

Un charmant petit studio dans un immeuble XVIIe siècle du Marais, aux trois mètres cinquante de hauteur sous plafond orné de poutres, abrite mes années parisiennes.

Années marquées par la fin de mes études réalisées en alternance, un BTS en poche, et mes débuts dans la vie active.

Années qui me consolent de mes échecs scolaires, puisque je décroche les mêmes postes professionnels que mes compères de classes préparatoires de l'époque. Le diplôme d'école de commerce en moins.

Années marquées par la fin de ma relation affective avec mon professeur dont la jalousie devient insupportable. Effectivement, à la suite d'une formidable semaine de ski, sur le trajet du retour, je sens la déprime me tomber sur les épaules à mesure qu'on redescend dans la vallée brouillardeuse. Brutalement et de manière inattendue ! « *Vous apercevez-vous que votre humeur varie beaucoup en fonction de l'ambiance autour de vous ?* » m'interrogera plus tard ma psychiatre. Cette petite déprime ne durera que le temps de congédier mon professeur.

Années marquées par le début de mes errances amoureuses.

Mais, surtout, période de vie trépidante oscillant entre l'euphorie et le doute. Je grimpe quatre à quatre le large escalier en bois et tommettes qui me permet d'accéder à mon chez-moi le temps d'un repas ou d'une nuit. Je dévale ces cent marches pour foncer au boulot, m'élancer dans la rue rollers aux pieds, traverser Paris pour rejoindre « mes amis, mes amours, mes emmerdes[1] ». Haletante, je cours après le temps. Comme si je n'avais jamais assez de temps pour profiter de la capitale aux multiples tentations. Entre les visites culturelles, les opportunités professionnelles et une dizaine de relations éphémères, je jouis de la vie, mais je ne sais plus après quoi je cours. Comme s'il me fallait conjurer tous ces moments de doute qui me ramènent systématiquement à la raison de mon existence et qui me font sombrer dans la torpeur. Je ne sais quel est et où se trouve mon point d'ancrage, et toute prise de décision m'est pénible. Je ne sais où m'orienter, ni quoi choisir.

Ainsi, je m'accroche coûte que coûte à mon travail, malgré un patron tyrannique qui me harcèle moralement et physiquement au point qu'un jour je cède. Les crises de larmes au bureau ne sont pas rares face à cette pression insupportable. Il me faudra deux ans avant d'oser quitter cette multinationale américaine. Je me fourvoie ou m'électrise dans des conquêtes sans avenir, mais qui flattent mon ego. J'avais un manque affectif tel que j'étais prête à faire n'importe quoi, et cela m'a perdue longtemps.

Je multiplie les activités sportives. Je comble ma vie de célibataire en passant des dizaines d'heures au téléphone, des soirées et des week-ends entiers à bavarder grâce à un carnet d'adresses bien rempli

1. Charles Aznavour, *Mes emmerdes*.

pour satisfaire ma volubilité, tuer l'ennui et éviter la solitude.

C'est à cette période que je commence à ressentir des oscillations d'humeur. La vie est désormais ponctuée d'exaltation à chaque signature de contrat, à chaque nouvelle rencontre ou lors de toute nouvelle escapade aux quatre coins de la terre. Une vie mordante. Pourtant, chaque hiver, je suis rattrapée par mes flottements psychologiques.

Mes interrogations sont effectivement nombreuses à cette époque, et je les note dans un recueil de pensées furtives. « Idées en l'air, idées dans l'air : Pourquoi vivre bien certains jours sans se poser de questions et remettre tout en question d'autres jours ? Pourquoi douter autant ? Pourquoi douter lorsqu'on semble tout avoir : un amoureux, un appartement, une voiture ? Quel est l'intérêt de la vie ? Qu'est ce qui nous pousse à vivre ? Peut-on vivre sans les réponses à ces questions ? Pourquoi ces crises existentielles ? Pourquoi une telle démotivation ? Ne jamais remettre au lendemain ce que l'on peut faire le jour même. Pourquoi toujours vouloir autre chose que ce que l'on a ? Pourquoi toujours avoir ce besoin de séduction ? Est-ce que ce grand manque d'affection sera un jour comblé ? Pourquoi avoir peur de s'engager pour faire les choses à deux ? »

Lors de mes escapades à rollers, j'avais enfin rencontré un beau viking. Je m'engage cette fois dans une relation stable. Mais, au bout de neuf mois, mon histoire d'amour ne survit pas à toutes ces questions. En guise de séparation, j'envoie quelques lignes depuis un Minitel à mon soupirant.

À vingt-cinq ans, le mal-être s'immisce dans mon corps tout entier. Aux maux de tête et de ventre qui me taraudent, je n'ai trouvé d'autres réponses que des consultations, néanmoins très efficaces, chez un médecin acupuncteur et un auriculothérapeute. Je consulterai aussi plusieurs gynécologues pour soigner de longs mois d'aménorrhée et de galactorrhée. Je ne peux m'empêcher de consulter aussi des astrologues auprès de qui j'espère entendre la bonne parole. Je veux savoir ce que me réserve mon avenir en espérant que tout ce chaos appartienne désormais au passé.

« Toujours le même cahier, la même écriture, le même environnement, les mêmes maux, les mêmes symptômes. Démotivée, vouloir se laisser aller, tout foutre en l'air et en même temps vouloir monter un projet, mordre la vie à pleines dents, s'imposer une discipline de fer… » tels sont les derniers mots que j'écris dans mon carnet.

J'impute tous ces symptômes aux circonstances de la vie et aux changements de saison ! Pourtant, ils répondent aux caractéristiques du trouble bipolaire. Avec le recul, je pense que ces changements d'humeur brutaux ont guidé mes pensées et mes agissements. Ce n'est pas parce que je ne signais pas de nouveaux contrats commerciaux que j'étais abattue, mais parce que j'étais abattue que je ne signais pas de nouveaux contrats. Ce ne sont pas les séparations qui me donnaient le blues, mais les coups de blues qui me poussaient à rompre. Ce n'est pas mon système hormonal ou digestif qui me fatiguait, mais mon corps qui réagissait au stress et aux blues récurrents. Ce n'est pas l'entrée dans l'hiver qui me déprimait, mais l'hiver qui révélait mes fragilités psychologiques.

Peut-être que jusque-là les prodromes n'étaient pas encore suffisamment aigus pour être pris en charge. Pourtant, tous les signes avant-coureurs de la maladie étaient présents. Les périodes de déprime passaient aussi inaperçues que les périodes d'exaltation. Je vois mes amis trop nombreux de façon trop épisodique pour qu'ils puissent s'apercevoir de mes fréquentes oscillations d'humeur. Réjane, ma collègue et amie, me dit aujourd'hui de cette époque :

– Jamais je n'aurai pensé que tu étais bipolaire.

– Tu n'as jamais ressenti mes coups de déprime ?

– Pas du tout, pour moi tu étais toujours en mouvement ; un bourreau de travail très ambitieuse, une sportive acharnée qui arrivait au travail les cheveux encore mouillés de ta séance de piscine matinale, une personne très expressive et affolée dont les phrases étaient ponctuées de « putain ! » et de « oh, la, la, la ! », et enfin une femme libertine cherchant à assouvir ses besoins sexuels.

Quant à Clara, ma fidèle amie du lycée, elle voit en mes propos « brut de décoffrage » et excessifs, mais néanmoins bienveillants, des traits de personnalité plutôt que des signes de la maladie. Elle est impressionnée par mon agenda chargé et par mon énergie débordante. Elle s'amuse de mes histoires sentimentales dont elle a du mal à suivre le fil. « À chaque fois qu'on se voyait, j'avais l'impression d'avoir loupé un épisode et je me demandais quand tu te lasserais de voir en chaque homme rencontré le père de tes enfants ! » Des hauts et des bas qui sont quasiment imperceptibles au travers d'un caractère entier, enthousiaste, ambitieux et bien trempé. Le désordre thymique se cache derrière mon tempérament.

Ma vie parisienne fut frénétique et intense. J'avais le sentiment que je pouvais mourir à tout moment, car j'avais exploré toutes les sensations d'extase et d'euphorie parallèlement au vide et au vertige. Moments d'enivrements comparables au bien-être virtuel que peuvent procurer des produits stupéfiants, semble-t-il. Je n'ai jamais eu le besoin de recourir à ces produits pour aller au bout de moi-même et de mes ressentis.

J'en garde toutefois le souvenir d'une période heureuse, vécue à un rythme effréné. Un moment de vie riche de rencontres et d'expériences professionnelles. Une période où j'ai brûlé la vie par les deux bouts... avec des hauts et des bas... mais comme tout le monde, paraît-il !

Première crise hypomaniaque

> « Quand il y a le silence des mots, se réveille trop souvent la violence des maux. »
>
> Jacques Salomé, *T'es toi quand tu parles*

« Êtes-vous tombée fréquemment amoureuse dans votre vie ? » me demandera encore ma psychiatre quelques années plus tard. Oui, mi-fleur bleue mi-cœur d'artichaut ! Rollers aux pieds, je tombe sous le charme d'un jeune homme rieur aux yeux clairs. Quelques jours plus tard, il obtient une mutation demandée avant notre rencontre.

Il me fait tellement sourire que je quitte tout : appartement, CDI, voiture de fonction, pour m'expatrier avec lui à l'autre bout de la France, sous le soleil de la Côte d'Azur. J'ai cette faculté de m'attacher très fortement à une personne que je connais depuis très peu de temps.

Dans notre bureau enfumé d'une multinationale allemande, ma collègue Réjane à qui j'annonce ma décision est estomaquée. « Mais qu'est-ce que tu vas faire là-bas ? » « Comment peux-tu renoncer à ton job, à tes amis, à ta vie parisienne et t'engager dans une nouvelle vie aussi prématurément ? » « Comment peux-tu démissionner sans avoir un autre travail sur place ? » « Qu'est-ce que tu vas aller t'embêter là-bas, il n'y a que des vieux ? » me disent les autres.

Je n'ai rien à répondre. Pour moi c'est une évidence. Une décision impulsive fondée sur mon intuition du moment. Je me fiche des remarques. Je suis prête à donner un peu plus de piquant et un autre visage à mon quotidien que mes seules montées d'adrénaline lors de nuits à rollers, de tours de ski nautique sur la Seine ou de saut en parapente ou à l'élastique... Pas grand-chose ne m'effraie ou ne m'arrête.

Me voilà à vingt-six ans installée sur la colline de Cimiez. Un immeuble des années soixante donnant sur un jardin luxuriant dont les derniers étages surplombent la baie des Anges et l'arrière-pays niçois. Dans cette ville de retraités, j'observe l'oisiveté et l'indolence tout en profitant de la douceur de vivre. Des bains de mer jusqu'aux premiers jours de novembre, des déjeuners en terrasse en plein hiver...

L'idée de voir d'autres horizons, de me poser et de construire un projet de vie m'enthousiasme. Je retrouve un travail de commerciale très facilement : motivation quand tu nous tiens ! Je zigzague entre les voitures garées en double file, je me délecte de socca accompagnée de pastis et randonne sur le sentier des douaniers au pied d'immenses villas fleuries. J'explore les plus beaux recoins de la Côte d'Azur et commence à faire du sport intensément lors de mes passe-temps.

Mais, rapidement, je regrette ma vie parisienne et me sens au fond d'un cul-de-sac dans cette ville éloignée de tout et où finalement je me sens très seule. À la fin de l'hiver, j'ai de plus en plus de mal à me tirer du lit. Le week-end commence en larmes face à ce garçon avec qui je n'ai pas grand-chose à partager. L'ennui s'invite dans notre couple. Ma libido est en berne. Je suis sujette à des maux de tête. Je glane quelques kilos supplémentaires ici et là, à coups de sucreries et de doubles portions. Avec une sensibilité à fleur de peau, je prends la mouche au moindre détail et m'enferme dans mon mutisme. Je me terre dans mon trou telle une taupe qui redoute le piège qui l'en fera sortir.

De cette période, mes fidèles amis ne retiennent que l'exaltation de la découverte d'un nouvel environnement et voient dans ma déprime printanière la seule nostalgie de ma vie antérieure. De toutes les manières, ils sont bien trop loin pour prendre conscience de quoi que ce soit.

Ces neuf mois de vie commune aboutiront à une séparation et non sans heurts. Lui qui a besoin d'une seconde mère trouve du réconfort auprès d'une collègue de travail et me laisse l'appartement. Je suis prise dans un mouvement de panique émotionnelle. Je me sens trahie par cette infidélité et par Sofia, au courant de la situation avant moi.

Je suis débordée par mes émotions. Je me retrouve seule dans une région où je n'ai aucune attache, sinon Sylvia, qui deviendra une sincère amie. Prise d'une frénésie de rangement le soir en rentrant du travail, je me couche tard et me lève avec le soleil pour démarrer ma journée par une heure de footing le long du canal de Gairaut, sur les hauteurs de Nice. Le week-end, je suis à la plage à huit heures du matin. Moi qui n'ai jamais aimé dormir et qui ai toujours considéré le sommeil comme une perte de temps, je me félicite de ces quatre heures de sommeil qui me suffisent amplement. Pendant plusieurs semaines, mes ruminations anxieuses côtoient un regain d'énergie. Ma colère, ma tristesse, ma solitude auront raison en peu de jours de mes quelques kilos superflus. La nervosité et la tension alimentent et décuplent mon dynamisme, qui ne demande qu'à s'épanouir dans des activités physiques intenses : allers et retours à rollers sur la promenade des Anglais, randonnées en montagne, coups de pédales dans l'arrière-pays. Mon goût pour le sport ressemble à une addiction et ma transformation physique à une anorexie. Cette énergie débordante n'est autre que l'expression de ma rage intérieure.

Ces deux mois intenses s'atténuent lorsque je me raccroche aux bras d'un homme bien plus âgé que moi sous ses airs de jeune premier. Il me réconforte de mon affliction précédente et se plaît à me répéter, lui qui a connu la dépression, qu'aucune blessure ne résiste au temps. Il s'évertue à me protéger et à me distraire. Pour autant, cet homme mûr reste désarçonné par mon caractère. « Avec toi, je ne sais jamais sur quel pied danser, tu es vraiment trop imprévisible ! »

En fait, je frôle la dépression. Lors de mes randonnées, je rêve de tomber et de me blesser pour me retrouver hospitalisée et être prise en charge.

Je décide alors d'entreprendre une thérapie avec une psychiatre. Elle est douce et gentille, mais peu interventionniste, et de ces quelques mois avec elle je ne retire aucun bénéfice.

À vingt-sept ans, je vis, dans l'ignorance la plus totale, ma première phase d'exaltation mémorable sur fond de nervosité et de mélancolie.

À bout de force : une dépression masquée

« Ce que l'on aime avec violence finit toujours par vous tuer. »

Guy DE MAUPASSANT, *La Nuit*

Automne 2001, j'ai vingt-neuf ans et suis promue à Aix-en-Provence. Je prends en charge une équipe commerciale au sein d'une société télécom en difficulté, qui déposera le bilan quelques mois plus tard. Je me débats entre les objectifs commerciaux à réaliser, les impayés à recouvrir, l'équipe masculine à motiver et à gérer sur fond d'une nouvelle relation affective. Une période de labeur, mais une volonté à toute épreuve. Une période menée tambour battant. Une foi dans le travail et une vraie tornade ! Des résultats professionnels positifs à coups d'irritabilité, d'impatience, de pressions, de licenciements… et une relation « TGV » à coups de « je t'aime, moi non plus » qui déstabilise à peine mon prétendant pourtant malmené.

Je me laisse guider par mon extrême sensibilité et mon intuition qui me permettent de rester en alerte, de réagir et d'interagir avec le monde. Je prends alors des décisions surprenantes. Tout se fait en force, avec la volonté de bien faire et d'être dans le juste. Plus que de raison. Tant dans la vie professionnelle que personnelle, je suis constamment sur les nerfs, mon tempérament soupe au lait monte tout en épingle et fait de chaque détail un événement.

Quelques éclaboussures par terre après la douche, un plat brûlé, un objet mal rangé, un mot déplacé et c'est le coup de gueule assuré ! Coups d'éclat qui me mettent hors de moi et se terminent souvent en crise de nerfs et de larmes, la seule façon que je connaisse de désamorcer cette spirale inflationniste dont je ne peux m'extraire et qui m'entraîne jusqu'à l'épuisement… Alors je peux reprendre mes esprits et récupérer de l'énergie. Une énergie fougueuse qui me vaut l'étiquette d'une battante que rien n'arrête. Les tours de vélo autour de Sainte-Victoire, les kilomètres en footing et à la nage n'ont toutefois pas raison de mon impulsivité et de mon bouillonnement.

J'en ai à peine conscience, sinon pas du tout. En revanche, je ressens la nécessité de dépasser un manque affectif du côté de mes parents et le besoin d'une aide thérapeutique. En juin, je décroche mon téléphone pour prendre un rendez-vous chez une psychiatre dont le premier est fixé au 3 septembre.

« Lors de notre premier entretien, vous vous êtes présentée à moi comme quelqu'un de cyclothymique qui soignait ses maux avec des fleurs de Bach, de l'homéopathie et de l'acupuncture. En proie à des difficultés amoureuses et professionnelles, vous souhaitiez suivre une thérapie. Vous étiez dans une dépression latente, mais vous ne vous en rendiez même plus compte. Vous viviez avec et étiez complètement réfractaire aux médicaments. Deux mois plus tard, les sentiments de culpabilité et de ruine vous habitaient complètement. C'était l'automne et vous alliez de plus en plus mal. Nous avions entre-temps établi une relation de confiance, et vous vous résolviez enfin à prendre un traitement. Je vous prescrivis un antidépresseur et un anxiolytique à une posologie habituelle et suffisante pour que vous vous sentiez mieux. Six semaines plus tard, vous repreniez des forces. Au bout de huit mois, vous étiez sortie de votre dépression, et nous étions d'accord pour arrêter progressivement le traitement », me rappelle aujourd'hui ma psychiatre.

À l'époque, j'accepte, en effet, après quelques rendez-vous, le traitement allopathique que me propose ma psychiatre, et je m'engage dans une thérapie brève et efficace. Dans un petit carnet violet Clairefontaine, je consigne tous mes états d'âme et oscillations d'humeur. En l'espace de neuf mois, je guéris du mal qui me ronge. Je me libère enfin du manque affectif parental et j'apprends à dire « NON » à ce qui ne me convient pas.

Mais qu'est-ce qui me convient d'ailleurs ? Je démissionne, après quinze jours de période d'essai, d'un poste d'encadrement commercial trop stressant. Et parallèlement, je remercie, dans la confusion sentimentale complète, mon prétendant à peine installé sous mon toit.

Cela ressemble ni plus ni moins au comportement d'une petite fille gâtée. « Ah bon, tu as des frères et sœur, je croyais que tu étais fille unique », me dit-on. Et pourtant, ce n'est que le comportement d'une jeune femme en proie à ses angoisses, qui a besoin de vivre et d'agir seule à son rythme et comme elle l'entend pour ne pas réveiller encore plus vite le trouble qui sommeille en elle et pointe le bout de son nez à chaque parole, fait ou geste maladroit. Tout est prétexte pour prendre la mouche très facilement.

À trente ans, avec l'aide des médicaments, je me rétablis assez facilement de cette dépression. J'avais encore l'énergie et la foi en la vie qui permettaient de rebondir rapidement.

Premières crises

Marie

Des nuits et des vertiges

> « J'écrivais des silences, des nuits, je notais l'inexprimable, je fixais les vertiges. »
>
> Arthur RIMBAUD, *Une saison en enfer*

À vingt-deux ans, je pars aux États-Unis pour une année mi-étude mi-travail dans une high school artistique du nord du Michigan. Une année de rêve.

À mon retour, ma vie d'adulte démarre. Mais, la maladie allait pointer son nez, une bombe qui explose. Sans dire son nom, elle vint me secouer comme une tornade, me rudoyer, me mettre à plat.

Cela commence par une histoire banale, une histoire simple, une histoire de sentiments : je sors avec Guillaume, le frère de ma grande amie d'adolescence, Blandine, qui me courtise depuis longtemps déjà. En soi, rien de bien grave, c'est même plutôt idyllique. Mais voilà que les choses se compliquent. Blandine réagit mal. De l'amie chérie, je deviens une vulgaire fille sur qui on ne peut compter. Il se passe entre nous une tempête émotionnelle. De vraies chiffonnières, les filles ! La situation est compliquée par le fait que Blandine et son frère ont perdu leur mère suicidée quelques années auparavant, et qu'ils se sont terriblement rapprochés depuis. Blandine voit Guillaume s'éloigner. Et moi, je suis devenue une voleuse de frère.

Ce n'était sans doute pas justifié, mais ces disputes me mirent K.-O. Que l'amie tant aimée puisse devenir une ennemie m'était insupportable. C'était bien la preuve qu'une mère pouvait me remettre dans les bras d'une infirmière sans émotion, qu'une sœur pouvait m'empoisonner, qu'il faut se méfier de tous et de tout le monde… tout cela se cognait dans ma tête. Je me retrouvais à la fois abandonnée et en situation de rivalité, revivant les spectres de mon enfance.

Et puis, le sentiment amoureux, le vrai, m'avait fait perdre la tête. Il est étonnant de voir comme celui-ci s'était mué en un profond sentiment de culpabilité, comme je vivais les choses tel un formidable conflit d'intérêt, comme je crus qu'on me renvoyait à la figure une relation interdite et que j'explosais de cette culpabilité-là. Il est incroyable de voir comme mes forces s'étaient déployées pour me protéger contre celle-ci, comme j'avais développé une énergie intérieure monumentale pour me protéger moi-même et ma joie d'aimer.

Ces scènes révélèrent, pour la première fois, ma fragilité psychologique.

Tout à coup, j'étais habitée par mes émotions, mes angoisses, mes fantômes d'enfance. Je sentais que cette liaison était en train de faire des ravages au sein de mon amitié avec Blandine et en même temps je me jetais à corps perdu dedans.

L'excitation m'envahit bientôt complètement, telle l'inondation qui suit la tornade. Je ne voulais plus dormir et n'en voyais pas la nécessité. Je criais et pleurais à tout va. J'ai déversé des flots de haine sur Blandine à son frère, elle qui m'était, à mes yeux, devenue nocive. J'étais dans une fureur de lion, et en même temps dans l'enivrement d'aimer et d'être aimée. J'avais perdu tout contrôle de moi-même. Un puissant mal-être dans le bonheur. Peut-être la culpabilité de la perspective du bonheur.

Guillaume passait me voir de temps en temps, mais j'avais l'impression qu'il ne comprenait rien à mon état. Pas plus que mes proches. Et même moi, je me sentais étrangère à moi-même.

Une période que je sais aujourd'hui maniaque – je ne serai diagnostiquée que neuf ans plus tard – et qui allait me conduire tout droit dans un hôpital où je restais trois semaines.

En fait, c'est moi qui en demandai le séjour devant l'incompétence d'un médecin généraliste qui ne comprenait rien et chez qui ma mère m'avait fait emmener par la femme de ménage ! Je dis à mes parents : « Je veux aller à l'hôpital. » L'idée de la Suisse me trottait dans la tête. C'est en Suisse qu'on me guérirait, pensais-je. Inconsciemment, l'ombre de mon arrière-grand-mère qui avait fait des années de cure analytique dans ce pays me faisait fantasmer. La Suisse représentait à mes yeux le pays de l'air pur et de l'homéopathie.

Mais c'est à l'hôpital du coin que se terminera le rêve. Et c'est une kyrielle de psychotropes en tout genre, costauds, destinés à m'assommer, que je dus ingurgiter en guise d'homéopathie. « Avec ce traitement-là, je ne sais comment vous pouvez vous lever le matin », me dira un médecin à ma sortie. Les médicaments m'ont abattue au-delà de l'imaginable.

Je vivais comme avec une maladie orpheline

Pendant un an, une dépression sévère a fait suite à ma phase maniaque. J'étais étudiante, et mes parents avaient décidé de m'envoyer vivre chez mon oncle et ma tante, ceux chez qui j'avais déjà vécu lorsque j'étais au lycée. J'allais à la fac tel un petit robot qui ne comprend rien à ce qu'il y entend. Je m'y rendais pour occuper mes journées. Je ne travaillais pas en dehors de cela si ce n'est un stage dans l'édition qui m'avait permis de reprendre un peu confiance. J'avais décidé de continuer mes études de communication, après ma maîtrise de philo, car je n'avais pas pu passer les entretiens oraux d'un DEA à Sciences-Po où j'avais été admise, de même que ceux d'un DESS d'édition. En effet, les entretiens avaient lieu lorsque j'étais au fin fond de mon hôpital. J'avais répondu « absente ».

Voilà donc les prémices de ma « vraie » destinée.

Je venais de vivre les symptômes d'une maladie que l'on diagnostiquerait plus tard : une phase maniaque aiguë liée à une grande surexcitation, puis une très grande phase déprimée.

Mais aucun médecin ne mit de nom sur mes maux. Je vivais comme avec une maladie orpheline, dans l'incompréhension absolue de ce qui m'était arrivé.

Malgré tous ces événements, Guillaume ne m'avait pas quittée. Je ne sais pas quelle dose d'amour l'habitait, mais il en fallait. On se voyait régulièrement.

Si j'étais à la fac la semaine, je passais le week-end avec lui. Il avait un petit appartement à Paris où je le rejoignis par la suite. Les choses reprirent leur cours, et le fait de réussir mes examens de fin d'année malgré le brouillard dans lequel j'évoluais me redonna confiance : je pouvais de nouveau penser et écrire. C'était un équilibre retrouvé.

Huit années de liberté

Et puis je baissais les doses de mes médicaments... petit à petit, il ne m'en restait plus du tout. Enfin normale, et de nouveau gaie ! La vie continua comme elle devait continuer. Je trouvais vite mon premier travail dans une grande maison d'édition, un secteur pourtant bouché. Je me mariais... avec Guillaume. Nous eûmes un petit Pierre tout joli, tout sympa. Pendant toutes ces années, j'étais en froid avec Blandine – devenue ma belle-sœur – mais, allez, encore quelques années et les relations allaient se rétablir pour de bon ! Je voyais une psychothérapeute qui n'avait rien compris à mon histoire, mais finalement moi non plus, et je me débrouillais de ce mystère... Je me dis que tout cela était derrière moi. Pendant huit ans, la vie dura ainsi, huit années de liberté.

Ma petite fille aux yeux clos

Jusqu'à mes trente ans.

Pierre a alors deux ans. Je suis enceinte de mon deuxième enfant et je contracte le CMV (cytomégalovirus) en cours de grossesse, si bien que je suis suivie de près à l'Institut de puériculture de Paris.

Ce virus est connu pour être redoutable pour le développement des fœtus, mais le mien passe avec succès tous les examens auxquels je suis soumise… jusqu'à une terrible échographie, à sept mois et demi, qui met en lumière de fortes lésions au cerveau du bébé.

La question de l'avortement thérapeutique nous est alors posée, à mon mari et à moi, par le corps médical. L'onde de choc est terrible. Il y a la nouvelle à recevoir, et la décision à prendre, c'est trop pour des parents. Un malheur inhumain s'était abattu sur nous. Notre petite fille bougeait dans mon ventre et nous allions peut-être la condamner. Nous nous attendions à accueillir un nouveau-né, notre petit Pierre se réjouissait de l'arrivée de sa sœur, et voici que nous nous transformions en bourreaux. Guillaume, envahi par une peine infinie, jouait un piano triste. Nous pleurions celle que nous avions tant attendue, et dont il faudrait sans doute s'éloigner.

Il m'a fallu lire sur l'avortement, parcourir des témoignages de personnes handicapées, discuter avec certains proches : ce fut mon frère, pasteur ; le frère de Guillaume, et sa femme. Notre religion protestante nous accordait – et ce fut une grâce – la liberté d'avorter, elle exigeait même la nécessité de la responsabilité et de la réflexion. Que voulait donc dire une vie sans avenir ? Sans espoir ? Cette petite fille aurait-elle souhaité elle-même vivre, si tant est qu'elle ait pu se poser la question ? Que représente donc le handicap lourd pour les personnes qui le subissent, si ce n'est une intarissable souffrance ?

Aussi, je ne retranscrirai pas aujourd'hui, dix-sept ans plus tard, le chemin psychologique terrible et inhumain que nous avons parcouru pour arriver à la décision… de nous séparer du fœtus. Tout ce que je peux dire, c'est qu'elle fut courageuse et pleinement responsable. Mais si douloureuse. J'accouchais ainsi d'une petite fille aux yeux clos, que l'on me mit dans les bras, le corps enveloppé dans une feuille de papier, avant de me la reprendre pour toujours, et qui figure dans notre livret de famille comme notre deuxième enfant, « né sans vie ». Les minutes furent longues, ce jour-là. Et les mois suivants interminables de douleur. La maison était vide. Il manquait quelqu'un. Je prenais mes pilules pour arrêter les montées de lait. Le lit de bébé sera rangé à la cave. Et j'ai écrit, jour après jour, à notre petite « Petruchka » – son nom de fœtus – son histoire que je tiens bien précieusement dans mes archives. Pour la faire exister, pour elle, pour nous, pour son frère Pierre et pour les enfants à venir. Pour lui dire qu'elle me manque et qu'elle a sa place, avec nous, où qu'elle soit. Pour lui exprimer que cette affreuse décision était aussi un acte d'amour, aussi paradoxal cela puisse paraître. Dans la famille, j'en suis sûre, nous l'avons tous aimée.

Quatre mois après la mort du bébé, je suis de nouveau enceinte, ce qui est à la fois long et court, mais surtout long à l'échelle de la douleur quand les minutes font mal. Chloé est née, c'était un gros bébé tellement souriant que nous avions l'impression qu'elle y mettait du sien pour sécher les larmes.

Deux ans après l'événement dramatique, j'avais trente-deux ans, nous pensions avoir enfin rétabli les équilibres familiaux lorsque, au moment du premier anniversaire de Chloé, qui correspondait d'ailleurs presque au niveau du calendrier, à celui des deux ans de la disparition du bébé, je perdis pied d'avec la réalité. La date du triste anniversaire avait-elle déclenché quelque chose ? Il faut le croire. Toujours est-il qu'au cours d'un voyage en Espagne, la maladie commence à se réveiller. Tout d'abord, j'ai un choc émotionnel lorsque nous perdons notre fils de quatre ans dans les jardins de l'Alhambra de Grenade. Pierre a disparu, on ne le retrouve pas. J'ai une montée d'angoisse, imaginant tout et le pire. Au bout de plusieurs heures, c'est à la voiture pourtant garée loin qu'on le retrouve. À partir de ce moment, mon sommeil se fragilise et mon état se dégrade. Une excitation maladive s'empare de moi. Je suis dans une spirale de grandeur et de puissance. Tout est à ma portée. Je suis dans l'excitation de cette ambiance andalouse qui est si gaie et j'aimerais danser n'importe où. L'heure ne compte plus. À une heure du départ de l'avion de retour, mes bagages ne sont toujours pas faits, et impossibles à faire. Mon mari met le turbo, et nous attrapons notre avion presque au vol.

Au retour, je laisse tout en plan, j'appelle les amis, je pense que le monde tourne plus vite, qu'il y a tant à faire, et le jour et la nuit. Les contraintes n'existent plus. Je ne me rends plus compte des jours qui passent… Un soir même, ayant invité deux copines du travail chez moi, j'oublie de les faire passer à table, prise par ma volubilité. Elles repartent le ventre vide.

Pendant ces périodes, je fume comme un pompier, cigarette sur cigarette, et mon fils, Pierre, observe les volutes de fumée lorsque je suis allongée sur le canapé. Je ne peux m'empêcher de penser, aujourd'hui qu'il est jeune homme, que son addiction à quelques substances a un lien avec cette époque.

Une crise obsessionnelle morbide

Je suis bientôt prise par une crise obsessionnelle morbide. Je me revois confectionnant en papier Canson un faire-part de naissance pour mon bébé pourtant disparu deux ans auparavant, et vouloir le coller dans l'album familial, moi qui suis tellement peu fétichiste. Toujours hantée par cette disparition, je me rends seule au pré des enfants nés sans vie du cimetière de Thiais (Val-de-Marne) dit le carré des anges où ma petite fille était enterrée. C'était la première fois que j'y allais, dans un mouvement d'énergie frénétique, animée par un irrésistible besoin de ressusciter mon bébé. Sur le pré, il y a des fleurs et des nounours partout, mais pas de tombe, pas de nom. Je cherche en vain le bébé et je suis perdue par l'absence de signe de reconnaissance. Je pleure, je sanglote. C'est l'errance, deux ans après.

Je suis en pleine période de fantasmes morbides, et cela se termine à l'hôpital. Un hôpital en banlieue parisienne où il est permis de tout faire, où il n'y a aucune règle, aucun contrôle. Je chante sous la pluie avec une copine de circonstance. Même les infirmiers font n'importe quoi, se trompant de médicaments entre deux patients. Ainsi, je m'aperçois que l'on a échangé mes gélules avec celles d'un voisin soigné pour une hépatite C ! À l'époque, je n'étais pas encore diagnostiquée bipolaire – c'était pourtant ma deuxième crise maniaque –, et le corps médical avait de toute évidence sous-estimé l'ampleur de ma maladie, la confondant avec une dépression nerveuse simple. Tant et si bien que je sors trois semaines plus tard, mal soignée. Logiquement, je rechute un an après. Même époque, même anniversaire du bébé perdu…

Jamais je ne m'étais mise en danger de la sorte

Un soir de mai : alcoolisée, endormie, violée… Troisième anniversaire après la mort du bébé… Comme une série de rechutes en pagaille.

– Que s'est-il passé petite fille ? Comment cela a-t-il commencé ?

– Je cherchais du feu pour allumer ma cigarette, il n'y avait personne dans la rue, alors je suis allée demander un briquet au bar louche du quartier où il ne faut jamais aller.

– Pourquoi as-tu franchi cette porte, puisque tu savais que c'était dangereux ?

– À ce moment-là, je ne pensais pas que c'était dangereux. C'était une phase magique, une phase maniaque, où je pensais que « tout le monde est beau, tout le monde est gentil ». Il n'y a pas de méchant dans ces moments-là.

– Et alors, que s'est-il passé ?

– J'ai demandé du feu et j'ai discuté avec les jeunes gens. Nous avons ri. J'aime rire.

– Et après ?

– Ils m'ont fait boire.

– Et après ?

– J'ai perdu connaissance. Je me suis réveillée au petit matin.

– Ça s'est passé avec violence ?

– Sans violence.

– En as-tu parlé après ?

– …

– À ton mari ? À une amie ? À ton psy ?
– Non, je ne l'ai jamais fait.
– Pourquoi ?
– Je n'avais pas les mots. Des images simplement.
– Tu avais conscience de la gravité de la scène ?
– Sans doute, puisque je n'ai pas pu en parler.

Je ne sais pas comment je suis rentrée au petit matin, je ne me souviens plus que de l'hospitalisation qui a suivi. J'étais dans les bras d'une infirmière qui m'a fait boire des litres de café. Comme si mon cœur avait cessé de battre. Ce jour-là, je crois qu'il aurait pu me faire ce coup-là. J'étais dans une spirale d'épuisement, entre manque de sommeil, tabac, alcool et événement traumatique, et j'avais manifestement tiré sur la corde...

Pendant sept ans, j'ai vécu dans le secret de cette scène ou c'est du moins ce que je crus. Je m'aperçus bien plus tard que je l'avais racontée à plusieurs de mes amies, sans doute dans ma première phase d'hospitalisation, alors que j'étais à demi-consciente. Mais ce qui est sûr, c'est que mon mari ne savait pas, mon psy non plus d'ailleurs. Pendant sept ans, à intervalles réguliers, Guillaume m'a demandé ce qui s'était passé cette nuit où j'avais décampé de la maison, où, paniqué, il avait appelé la police et même mon psy qui, au nom du dogme freudien, n'avait pas voulu dire si je m'étais réfugiée chez lui. Le drame du viol tient souvent dans ce voile noir de la honte, empêchant ainsi toute réappropriation de soi, et tout combat pour les autres.

Jamais, bien sûr, je ne m'étais mise en danger de la sorte. J'étais dans une espèce de no man's land psychologique qui ne me permet pas de faire la différence entre le bien et le mal, entre ce qu'on peut faire et ne pas faire. Je me rends tout de même légèrement compte que je décolle de la réalité, comme si j'avais une double conscience. Je développe une stratégie personnelle pour que personne ne s'aperçoive de mon changement d'état. Je préserve les apparences. Je n'arbore pas de tenues fantasques, je ne parle pas bizarrement, au contraire mes propos sont parfaitement clairs, je ne pars pas en croisade, je ne me prends pas pour Jésus-Christ et si je peux avoir quelques hallucinations, je les garde pour moi ! Mais je parle, je parle, je parle... J'ai un besoin effréné d'entrer en contact avec les gens. Parfois, j'achète, j'achète, j'achète. Évidemment, rien dont je n'ai besoin. Un jour, je rapporte à ma fille de neuf ans un portable pour Noël, et c'est elle qui me dit « mais, maman, je suis trop jeune ! »

Dans ces moments-là, je me sens bien et forte. La peur, le danger n'existent pas. Il y a un certain plaisir à n'avoir peur de rien ni de personne. Mais oui, les périodes maniaques sont, au début tout au moins, agréables, pleines de projets. Comme le monde est excitant tout à coup ! Et grâce à mon sentiment de surpuissance, j'arrive pourtant à convaincre les plus récalcitrants de la normalité de mon état, au cas où ils auraient quelque doute. Mon mari s'y est plusieurs fois laissé prendre. Sans parler de mon entourage professionnel que j'ai parfois pu embarquer dans mes élans.

Diagnostic : ma gorge se noue et je reste sans voix

Hélène

« L'attendu n'arrive point, c'est l'inattendu qui se présente. »

EURIPIDE, *Médée*

Il est de ces matins frais qui annoncent une belle journée. Pourtant, j'ai le cœur lourd. Sous le ciel d'azur, Aix-en-Provence s'éveille. Un rendez-vous matinal, comme à l'accoutumée, me permet de traverser rapidement la ville. Haletante, de ce pas militaire qui me caractérise, je me dirige vers cet immeuble du XVIIe siècle à la lourde porte. Je sonne et m'annonce à l'interphone qui marche toujours aussi mal. J'entre dans la sombre salle d'attente où quatre chaises toujours vides m'attendent. Je survole une revue. Juste quelques instants, car ma psychiatre est toujours ponctuelle et n'en attend pas moins de ses patients. J'entends la porte s'ouvrir.

– Bonjour Madame.

– Bonjour Docteur.

Deux chaises devant le bureau ordonné nous tendent les bras. Elle toujours assise sur la chaise de droite et moi sur celle de gauche. Au fond, une grande bibliothèque remplie de livres de médecine et de psychiatrie, et, derrière moi, un canapé toujours vide qui ne sert qu'à y empiler du courrier.

Face à moi, bien droite sur sa chaise, les jambes croisées, sous son allure sérieuse et distante, elle est prête à m'écouter. Je sais qu'à travers son regard bienveillant son œil aiguisé a déjà décrypté ma posture et mon visage.

– Alors, comment vous sentez-vous ?

– Je ne me sens pas très bien depuis le week-end dernier et ne comprends pas trop ce qui m'arrive. La thérapie réalisée ensemble par rapport à mon manque affectif familial a été concluante. J'ai enfin dépassé mon manque affectif. Je n'ai donc plus de raisons de me retrouver dans cet état dépressif. Comment expliquer que, subitement, alors que je fais du vélo sur une route de campagne sinueuse, je vois le malaise se révéler à moi, comme si je me le prenais en pleine face au détour d'un virage ? Comme s'il sortait de sa cachette de derrière l'arbre de ce pré que je viens de longer.

– S'est-il passé un événement particulier ?

– Pas particulièrement. Juste un malentendu sur quatre petits mots prononcés au début d'une conversation téléphonique par mon ami à son ex-femme qui m'ont déplu. « Allô, c'est moi. » Ces mots ont provoqué une réaction de jalousie exacerbée et ont pris des proportions délirantes. Il n'a pas compris ma réaction, qui lui a semblé injustifiée et à la limite de la paranoïa…

– Cela fait dix-huit mois que je vous observe et que je constate des variations d'humeur importantes. Vous n'en êtes pas à votre première dépression. Ces dépressions cycliques méritent que l'on s'y attarde, et je vous propose que l'on fasse ensemble un test : Tombez-vous fréquemment amoureuse dans votre vie ?

– Oui, je suis mi-fleur bleue mi-cœur d'artichaut.

– Avez-vous parfois très envie d'avoir des comportements risqués ou scandaleux ?

– Tout dépend ce qu'on entend par scandaleux, mais non, pas vraiment.

– Après un fort stress, pouvez-vous mettre plusieurs jours à vous en remettre, alors que les autres autour de vous semblent s'en remettre plus vite ?

– Je ne sais pas à quelle vitesse s'en remettent les autres, mais, personnellement, je ressasse la situation pendant plusieurs jours.

– Avez-vous tendance à exploser et à vous en vouloir ?

– J'explose très souvent, mais cela me semble justifié !

– Avez-vous souvent le besoin de vous faire remarquer, de faire en sorte que les autres s'intéressent à vous ?

– Qui n'a pas envie d'être le centre du monde ?

– Savez-vous que vous avez tendance à trop vite vous énerver ou à vous emporter lorsque vous êtes frustrée ?

– Mon entourage ne se prive pas de me le rappeler !

– Pouvez-vous vous attacher très fortement à une personne que vous connaissez depuis peu de temps ?

– Oui !

– Parfois, avez-vous des envies brutales et inexpliquées de manger quelque chose ou de prendre une cigarette, de l'alcool ou une drogue ?

– Je suis « addict » au chocolat au point de trouver parfois cela mauvais, mais c'est compulsif, je ne peux m'en empêcher !

– Enfin, votre confiance en vous varie-t-elle d'un extrême à l'autre ?

– Oui, sans aucun doute.

Elle a cette délicatesse d'amener les choses en douceur.

– Vous avez répondu positivement à vingt et une des vingt-cinq questions de ce test. Cela doit vous faire prendre conscience aujourd'hui que vos variations d'humeur sont cycliques et qu'elles ne disparaîtront pas avec des thérapies inappropriées. Vos variations d'humeur excessives relèvent du trouble bipolaire type II. Ces phases hypomaniaques[1] et dépressives majeures nécessitent un traitement de fond qu'on appelle un thymorégulateur[2]. Je ne peux pas continuer à vous soigner simplement avec des anxiolytiques et des antidépresseurs.

Le diagnostic que je vous fais aujourd'hui confirme le sentiment que j'ai eu depuis notre premier entretien. À ce premier rendez-vous, c'est vous-même qui m'avez dit que vous étiez cyclothymique. Après vous avoir observé pendant ces dix-huit mois, je vous confirme que votre humeur relève du trouble bipolaire et non de la cyclothymie. Il faut que vous vous félicitiez d'avoir été diagnostiquée aussi jeune, car il faut en moyenne plusieurs médecins et huit à dix ans pour poser le

1. « État d'excitation passager ou durable se manifestant par une hyperactivité, une humeur exubérante et un flot de paroles », *Larousse*.

2. Encore appelé normothymique ou stabilisateur de l'humeur. « Médicament psychotrope ayant pour effet une stabilisation de l'humeur », *Larousse*.

bon diagnostic, sachant que quarante pour cent de dépressifs sont des personnes atteintes de troubles bipolaires qui s'ignorent et qu'un trouble bipolaire sur quatre non soigné mène au suicide, sans parler des ravages familiaux et socioprofessionnels. C'est pourquoi, il est important de traiter cela sérieusement. Vous allez commencer par vous reposer et prendre votre nouveau traitement.

Je ressortirai de ce rendez-vous en pleurs, avec mon traitement « de base » – un anxiolytique et un antidépresseur pour soigner la dépression majeure en cours – et mon premier régulateur d'humeur. En prime, un somnifère et un arrêt de travail.

Le diagnostic me choque. Je réalise que ce trouble nécessite de nombreux soins.

Je déambule dans la rue comme une alcoolique titubante et je rassemble toute mon énergie pour accéder à la pharmacie la plus proche. J'entre et présente au pharmacien mon ordonnance. Je suis mal à l'aise, comme si j'étais atteinte d'une maladie honteuse qu'il faut cacher. Je me presse de récupérer mes médicaments et de sortir pour regagner palpitante ma voiture. Une fois rentrée, je prends ma respiration et j'appelle mon responsable hiérarchique qui m'avait confirmée la veille au soir dans mon poste commencé trois mois plus tôt ;

– Bonjour Hélène, comment vas-tu ?

– Mal, j'ai une mauvaise nouvelle à t'annoncer. Je suis arrêtée pour un mois et je te fais parvenir mon arrêt maladie par fax avant de te le poster.

J'entends un blanc. Je sens qu'il est suspicieux et se demande s'il a eu raison de me confirmer aussi vite dans mon poste. Comme si j'avais attendu ce jour pour être malade et profiter de la situation impunément.

– Hmm, bon, bon d'accord, repose-toi bien.

– Je te laisse et te rappellerai pour faire le point sur mes dossiers, bonne journée.

– Au revoir.

Juste le temps de raccrocher et de fondre en sanglots avant de m'écrouler sur mon lit.

Ce diagnostic résonne comme une bombe. J'ai trente et un ans. Dans ma tête, c'est le chaos. Comme un bon petit soldat, à l'image de mon grand-père, j'avais déjà évité les chutes, contourné les obstacles, lutté contre l'ennemi, perdu des batailles et célébré de nombreuses victoires. Je pensais être au bout du combat. Et pourtant, ce jour-là, je compris qu'il n'en était rien. Je suis surprise par cette attaque subite où je reçois deux balles ; l'une en plein cœur et l'autre en pleine tête, comme l'aîné de mes oncles. Je suis dévastée et meurtrie par ce diagnostic. C'est une défaite cinglante. Malgré un certain soulagement de pouvoir nommer cette lutte, je réalise que j'aurai besoin de béquilles ma vie durant. Je serai une réserviste, appelée à chaque combat au péril de ma vie. Il n'y a pas une victoire, ni même une défaite. Ma vie sera ponctuée de victoires et de défaites, un vaste champ de bataille où il me faudra combattre sans cesse. Et pourtant, en mon âme guerrière, tel mon oncle brandissant sa devise « le moral est bon », je n'en espère pas moins une victoire écrasante. Victoire qui me permettrait de résister et de me libérer de cet ennemi, de regagner du terrain et de guérir de toutes ces blessures. Une bataille qui se solderait par une victoire à vie, une guérison totale. N'en resteraient que quelques cicatrices qui s'effaceraient avec le temps.

Après tout, qu'est-ce que je connaissais du trouble bipolaire (anciennement classifié « psychose maniaco-dépressive ») défini comme un trouble de l'humeur oscillant entre des périodes de mélancolie et des périodes d'excitation ? Je connaissais le terme mélancolie. Les déprimes et dépressions avaient jalonné mon adolescence et ma vie d'adulte. Le terme de trouble bipolaire ne me disait pas grand-chose. « Maniaco-dépression » était déjà un peu plus signifiant dans ma tête. Mais de façon erronée. J'avais en tête l'image de mon père prenant grandement soin de ses affaires et voulant faire les choses à la perfection. Peser au gramme près, faire un brouillon avant d'écrire un courrier, replacer les choses au même endroit. Pour moi, il était maniaque au sens obsessionnel du terme. Aussi, ses ruminations anxieuses et sa mélancolie me faisaient penser qu'il faisait partie de cette catégorie de personnes à qui on colle facilement une étiquette de maniaco-dépressif.

En fait, j'ignorais la définition du mot « manie » au sens d'un état mental. J'étais loin d'imaginer que ce terme pouvait recouvrir des états aussi divers qu'exaltation, énergie, délire, surpuissance, mégalomanie, euphorie, hallucination, hyperactivité...

Jusqu'à ce jour, mes états de forme étaient ceux, ordinaires, d'une personne en pleine force de l'âge, pleine de ressources et de vitalité, comme tout être normalement constitué. Je pensais être une personne énergique, à l'image de ma mère très active et tonique. Cette mère faisant tout vite et bien. Elle cuisine à la vitesse de l'éclair, trouve trucs et astuces pour gérer le quotidien, et se plie en quatre pour rendre service.

Dans ma tête, j'avais donc simplement hérité du caractère de mes parents. Le côté mélancolique de mon père à certaines périodes de changement dans ma vie et le côté énergique de ma mère au long cours. Finalement, j'étais un bon mélange des deux et tout cela me semblait très banal.

Cette vie en dents de scie me semblait d'ailleurs être partagée de tous. Des hauts, des bas en fonction des événements vécus et des périodes de la vie. Je n'aurai jamais pu croire que tous ces états successifs étaient pathologiques. J'étais loin d'imaginer que ces hauts et bas s'amplifieraient jusqu'à m'empoisonner la vie. Il me fallait réaliser que j'étais et serai toujours atteinte d'un trouble bipolaire.

J'arrive à entendre ce diagnostic, mais ce n'est pas pour autant que je l'accepte ! Il va me falloir quelques années pour le digérer et en comprendre toutes les subtilités.

Parallèlement, ce diagnostic est un soulagement. Je m'accorde des circonstances atténuantes. Cela me déculpabilise sur ce qui s'est longtemps apparenté à du mal-être. Cela me permet de comprendre comment je me retrouve dans des états dépressifs sans raison apparente.

Le diagnostic me permet d'appréhender autrement les années écoulées. Je commence tout doucement à rassembler les symptômes et événements passés pour reconstituer le puzzle.

De la petite fille aux cheveux raides comme des baguettes retenus par deux barrettes, habillée en chou vert ou en rose bonbon, en passant par l'adolescente aux cheveux courts en blouse blanche jusqu'à la jeune femme en tailleur aux cheveux longs, je cherche des éléments qui pourraient expliquer et conforter l'apparition de ce trouble.

Ai-je hérité d'une vulnérabilité familiale ? J'observe les membres de ma famille pour voir si certains caractères ou événements révèlent quelque chose chez l'un d'entre eux. Je questionne mon entourage. Pas facile de trouver un signe dans une famille où tout ce qui sort de la norme et de l'ordinaire est tabou. Qui plus est, les réponses toutes faites comme « tout le monde a des hauts et des bas » ne facilitent pas mes recherches.

Au temps de mes parents ou de mes grands-parents, les affections mentales sont masquées par la peur de ne pas correspondre à l'image sociale, parce qu'elles font peur et que l'accès à la psychiatrie est encore très limité. À l'asile, on enferme les fous, tous confondus !

Dans la famille, mon enquête ne mène à rien. Il y a certes un terrain anxieux, voire dépressif ou hyperactif pour certains. J'ai bien aussi une tante par alliance diagnostiquée maniaco-dépressive. Son état est tantôt relaté par un « elle est pas mal en ce moment, elle est plutôt en forme », tantôt par un « elle n'est pas bien actuellement ». Comme si la maniaco-dépression pouvait se résumer à « être bien ou n'être pas bien ». Est-ce un euphémisme pour masquer la dépression et l'hypomanie ou simplement une méconnaissance de ce que celles-ci représentent ? J'apprends aussi que j'ai un cousin issu de germain atteint de problèmes psychiatriques (schizophrénie ?). « Il est malade, il a quelques problèmes psychologiques », me dit-on, mais cela relèverait aussi du côté familial par alliance.

Après avoir fait le tour des « petits ou grands bobos » de notre très grande famille, j'en arrive à la conclusion que me voilà seule avec ma bipolarité.

Un diagnostic tellement tardif

Marie

Trois hospitalisations pour le dire

J'ai trente et un an, j'en suis à ma troisième hospitalisation, et mon médecin de ville entre dans ma chambre d'hôpital en m'annonçant le diagnostic : je suis atteinte d'une psychose maniaco-dépressive et je dois suivre un traitement à vie, le célèbre carbonate de lithium. Aujourd'hui, on dirait « bipolaire, type I ». Le type I, à l'inverse du type II, c'est celui qui s'accompagne d'épisodes maniaques et de bouffées délirantes. Pour parfaire mon moral, j'apprends par la suite qu'il entraîne des tendances à l'addiction, des aspirations au suicide, une espérance de vie raccourcie.

À l'époque, je ne sais pas bien ce que recouvre cette maladie, mais dans l'état dans lequel je suis, cela me passe par-dessus la tête. Après tout, je n'en suis pas à cela près. Je viens de vivre six jours d'un épisode maniaque épuisant, sans dormir, et j'ai offert à mes enfants le triste spectacle d'une maman-serpillière. Me dire la vérité est en fait un soulagement. Car si la maladie est grave, son nom ne l'empire pas.

Je me souviens pourtant des paroles de mon père : « Les névroses ça se soigne, les psychoses non. » Et cela m'inquiète. Soignée ? Guérie ? Quelle différence donc ? À la vérité, je deviens par la suite tout à fait en colère : ce mot de « psychose » est effrayant. Je le croyais réservé aux pires thrillers à la Hitchcock. Comment s'approprier une telle réalité ? Comment accepter de mettre le nez dans les définitions du dictionnaire, toutes plus anxiogènes les unes que les autres ? De lien en lien sur Internet, c'est un vrai musée des horreurs. Je refuserai toujours de m'intéresser médicalement à ma maladie, ce que les médecins appellent peut-être le « déni » de maladie. Pour ma part, à ce moment de mon existence, je considère mon attitude comme un réflexe de bonne santé mentale. Je veux me ranger du côté de la normalité. C'est le pacte que j'ai fait avec moi-même. Et puisque j'ai la chance de vivre avec une maladie qui ne se voit pas, alors je profiterai de sa transparence pour la cacher au fond du sac.

Je me demandais : pourquoi avoir mis tant de temps à faire ce diagnostic ? Que s'était-il donc passé pour qu'aujourd'hui les choses semblent évidentes alors qu'hier, le mystère régnait encore ? Il suffit d'une crise maniaque pour être diagnostiqué « type I », me dit mon médecin... pourquoi en avoir attendu trois ? J'ai en effet perdu dix ans et quelques plumes, par l'absence de suivi des patients d'un établissement hospitalier à un autre.

Des antécédents familiaux ?

Cette fois, j'étais à la Pitié-Salpêtrière à Paris et on m'a alors demandé, de même qu'à mes parents, si j'ai des antécédents dans la famille. Comment le savoir ? Comment savoir si mon arrière-grand-mère paternelle suicidée était bipolaire, si l'autre, du côté de ma mère, dépressive chronique, l'était aussi ? À l'époque, on mettait ces maladies sous un même nom « neurasthénie[1] », maladie que l'on cachait précieusement sous le silence.

En effet, la mère de mon grand-père maternel avait fait des dépressions à répétition. Pour se guérir, elle a passé une partie de sa vie loin de sa famille, en Suisse. Avant-gardiste, elle s'en est remise aux mains d'un disciple de Jung pour faire une cure analytique et découvrir les mystères de l'inconscient. Jung était protestant aussi, c'était même un ami de la famille[2] ! De cette cure, elle tire profit pour elle, tout en partageant par lettres ses découvertes sur l'inconscient avec son aîné chéri. Mais le message ne passait pas. Au fils nourri à la morale du Prince Éric, on ne fait pas le chapitre des pulsions et de l'inconscient qui gouvernent. Seule la raison, la conscience, la morale et l'autorité... Malheureusement, dans la famille, personne n'interrogea la maladie de mon aïeule. Le ferai-je un jour ?

Par la suite, je suis allée chercher dans les cahiers de psychanalyse de celle-ci si mes maux pouvaient ressembler aux siens, si ses mots relataient quelque chose de connu de moi, si je ressentais des résonances à la lecture de ses notes journalières. Ces

1. « État d'excitation passager ou durable se manifestant par une hyperactivité, une humeur exubérante et un flot de paroles », *Larousse*.

2. En 1926, ce fut mon arrière-grand-père qui réunit à Paris, dans le quartier du Gros-Caillou, un petit groupe intéressé par la pensée de Jung. Le groupe parisien déposera par la suite, en 1928, ses statuts de « Club du Gros-Caillou ».

carnets, écrits dans les années 1920 sont tout à fait intéressants.

Elle y décrit de réelles souffrances :

« Je me sens comme quelqu'un dont la communication est coupée aussi bien avec l'extérieur qu'avec l'intérieur ou plutôt la comparaison me vient de me représenter échouée sur une île déserte – je ne reçois plus rien de la terre ferme – et je n'ai pas encore pénétré dans le lieu mystérieux où je trouverai tout ce qui est. Pour moi – l'île est déserte, je ne puis compter sur aucune aide – à moins que ce ne soit du ciel. Je me demande si je souhaite être aidée tout à coup par quelque force humaine, par un amour venant à moi, m'arrachant à ma torture... »

Son mal, parfois, a les allures du mien :

« De nouveau, je suis possédée et en feuilletant une revue spirite, je viens de voir qu'un docteur en Amérique soigne les cas de folie, à l'aide d'un médium qui dit pouvoir discerner les esprits qui tourmentent le malade. Je serais bien tentée de penser que, moi aussi, je suis possédée, que ce n'est pas en moi uniquement qu'est la cause du mal... »

J'aime sa rationalité :

« Oui, mais alors il faut être logique : si vraiment nous sommes sous la domination de forces occultes nocives, de même nous devons pouvoir être aidées par de bonnes forces. »

Je la comprends intimement lorsqu'elle dit qu'« un mal est en moi [...] s'attaquant à ma partie la plus sensible, le système nerveux – donnant à celui-ci des réactions spéciales – le rendant à la fois plus fort et plus faible – mais ne lui permettant pas de réagir normalement au contact de l'extérieur – et cela m'expliquerait cette impression de force et de faiblesse, de révolte et de timidité – ces extrêmes entre lesquels je me débats encore et toujours. »

Comme une fille face à sa mère, en elle je me retrouve : « Voilà comment je me représente les choses : ma nature est forte, ardente, passionnée – voire même peut-être sensuelle, mais il y a comme une paralysie des centres nerveux (réceptifs peut-être). Mais alors comment ai-je supporté cela toute ma vie plus ou moins et en suis-je si tourmentée à présent ? »

L'identification a pourtant ses limites. Où sont les phases maniaques dans ces cahiers ? L'exaltation ? Le sentiment de surpuissance ? La colère et l'irritabilité ? Le besoin d'acheter des abat-jour ? De tout casser ? Et de partir ?

J'ai longtemps cru être le vilain petit canard de ma famille avec mes crises. Mes parents ne m'ont jamais évoqué un quelconque antécédent... Jusqu'à ce que j'apprenne, fortuitement, il y a quelques mois de cela, que du côté de mon père, un oncle et un cousin étaient, eux aussi, atteints du trouble bipolaire... L'information m'amuse presque alors qu'elle ne me touche plus.

Lorsque j'avais trente ans, c'est bien seule que j'ai vécu le diagnostic qui vous tombe sur la tête. Un diagnostic que je ramène à la maison, le baluchon sur le dos, à ma petite de deux ans, à mon fils de cinq. À mon mari, qui n'a pas pris les jambes à son cou.

Le secret espoir de ne pas être vraiment malade

Hélène

> « Il arrive parfois que ce soit en tirant les conséquences des évidences les plus évidentes que l'on découvre les vérités les moins évidentes. »
>
> Denis GUEDJ,
> *Le Théorème du perroquet*

Un premier thymorégulateur

Je prends donc mon traitement composé d'un antidépresseur et d'un antiépileptique (Tegretol/ Carbamazepine) en guise de régulateur d'humeur. Ce traitement a été privilégié en raison de sa compatibilité avec un éventuel projet de grossesse. Mais au bout de quarante-huit heures, me voilà couverte de boutons sur les jambes et dans la bouche qui me démangent. Moi qui ne suis pas une adepte des médicaments, je vois dans cette allergie un signe du destin.

Et si finalement je pouvais me soigner juste avec mes antidépresseurs comme je l'ai fait jusqu'à présent ? Sur les recommandations de ma psychiatre, je cesse mon traitement. Elle me propose alors du lithium, mais je m'y oppose connaissant ses effets secondaires. Peut-on imputer au lithium la greffe de rein que ma tante par alliance a subie ? À ma demande, nous ne statuons pas sur la prise d'un autre thymorégulateur. Je ne suis pas suffisamment mature pour prendre une décision, au grand dam de ma psychiatre. Surtout que la décision m'appartient intégralement, car je n'ai personne avec qui la partager.

Mes angoisses et mes crises de larmes et d'irritabilité lassent l'amoureux « allô, c'est moi ». Il prend la poudre d'escampette. Une séparation de fait sans explication. Il n'a ni la force ni l'envie de gérer et de supporter mes sautes d'humeur. Moi non plus d'ailleurs. Je le comprends et ne lui en veux pas. Cela ne fait qu'une histoire de plus. Une séparation de plus. Qu'importe. Je suis lasse de toutes ces histoires qui se terminent toujours de la même manière. L'essentiel est que je me refasse une santé et au plus vite. Je souhaite en finir avec ces idées noires. La chimie aidant, je retrouve la forme en quelques semaines.

Fermer les yeux sur l'hypomanie

La grande forme. C'est l'été, il fait beau et chaud. Une saison que j'apprécie particulièrement et qui m'a toujours réussi. Les mêmes signes que cinq ans auparavant. Une hyperactivité et une grande confiance en moi tout l'été durant. J'enfourche mon vélo, je traverse le cours Mirabeau à toute vitesse pour aller palmer une heure avant de me remettre au travail. Des centaines d'heures au téléphone et de kilomètres en voiture pour décrocher quelques contrats. Pour la première fois de ma vie, je rentre dans du 36 ! Et je m'en réjouis. Qui peut se plaindre d'une perte de poids ? Peu de gens et moi la dernière ! Je suis proche de mon idéal de perfection physique et je me sens bien. « Qu'est ce qui t'arrive ? Ça ne va pas en ce moment ? On dirait une anorexique ! » s'inquiète entre autres mon ami J.-C. « Non pas du tout, cela va très bien. » Trop bien. Avec un nouvel amoureux en prime et mille projets !

Je vois en chaque sursaut un rétablissement total qui ne peut me faire oublier ce que j'ai enduré. Toujours ce secret espoir que toutes ces périodes noires soient révolues. Il n'en est rien. Ce n'est ni un rétablissement total ni même partiel. Il s'agit d'un épisode iatrogène[1] et toxicomanogène. Un virage hypomaniaque sous antidépresseur. Une réaction chimique ou une résistance aux antidépresseurs qui ne fait que mettre en exergue ma bipolarité : c'est un signe spécifique de la maladie qui permet aussi de la reconnaître.

La réaction ne se fait pas attendre. À l'automne, la dépression est là.

Mon nouvel amoureux est aussi là. Il est encore là. Il sera encore et toujours là, puisqu'il deviendra mon mari dont j'aurai deux enfants.

En revanche, je ne suis plus capable d'aller travailler et pose à mon même employeur mon second arrêt maladie en moins de neuf mois ; il était verni celui-là !

---

1. « Se dit d'un trouble, d'une maladie provoqués par un acte médical ou par les médicaments, même en l'absence d'erreur du médecin », *Larousse*.

Je ne peux échapper au lithium

Face à la dépression saisonnière qui démarre à l'automne, je ne peux plus nier les oscillations d'humeur. La décision n'aura été reportée que de six mois. Cette fois, je ne suis plus seule pour prendre la décision de mon traitement. Mon amoureux m'accompagne à mes rendez-vous, et nous actons ensemble pour la prise du lithium. Nous mettons tous nos espoirs dans ce nouveau régulateur d'humeur afin de pouvoir envisager une vie sereine.

Bon an, mal an, ce traitement n'est pas probant, et je l'arrêterai cinq ans plus tard.

Une crise maudite

J'ai avalé mes cachets de lithium cinq années durant. Cela faisait six mois que je m'en étais sevrée quand l'heure d'été a sonné. Je m'affaire à la préparation de nos vacances et me réjouis à l'idée de découvrir d'autres contrées. Le premier jour de l'été est aussi le jour anniversaire de notre mariage. J'attends le retour de mon mari pour fêter cela dignement et finaliser ma réservation de location estivale.

– J'ai réservé une table dans un bon restaurant pour fêter nos noces de coton et j'ai trouvé une maison encore disponible sur la côte basque pour les vacances.

– Hmm, c'est sympa, mais je crains que notre été se passe autrement. Mes patrons ne conçoivent plus que je puisse travailler depuis le sud de la France et me demandent de m'établir dans une capitale européenne pour assurer efficacement mon poste. J'attends une confirmation de leur part. Il va falloir faire vite avec la rentrée des classes dans deux mois.

Je suis abasourdie. Le repas d'anniversaire est amer. Et j'ai effectivement reçu en cadeau de mariage un voyage sans retour pour la capitale de l'Europe.

Le week-end succédant à cette annonce est insoutenable. Nous ne dérogeons pas à notre escapade hebdomadaire pour profiter encore et toujours de cette région aux mille senteurs et couleurs, mais les paysages parsemés d'oliviers, de vignobles ou de champs de lavande ne sentent même plus bon la Provence. Dans la voiture, sur la route qui nous mène au lac de Sainte-Croix, ma tête explose. J'ai beaucoup de peine à apprécier ses eaux turquoise et la beauté exceptionnelle du site. Le cheminement de mes pensées est aussi tortueux que la route qui longe les gorges du Verdon. Le panorama exceptionnel semble refléter l'état de mon âme. Du belvédère surplombant falaises et gorges, je dois ouvrir les yeux pour affronter le précipice. Je n'ai plus envie de sauter à l'élastique de ce plus haut pont d'Europe pour avoir des sensations. J'ai déjà le vertige. Un concentré de non-sens au milieu du vide. Il n'y a plus de limites, tout implose, tout part dans tous les sens. Je ne peux contenir mes larmes.

J'aimerais cependant trouver un peu de raison à ce départ pour reprendre mes esprits. J'essaie de me laisser convaincre de l'attractivité de cette capitale où les foules se déplacent pour voir la statue du « gamin qui pisse ».

Je recommence une partie de flipper cérébrale. Le lance-bille a relancé la bille métallisée et les flippers s'agitent dans tous les sens pour essayer de marquer le plus de points et sauver la partie.

Je rassemble alors toute mon énergie pour amorcer les démarches logistiques et administratives de notre déménagement, en dépit d'un esprit serpentant entre discernement et confusion. Je fais nos cartons en caressant du regard les douceurs de la vie provençale. J'abandonne avec nostalgie mes repères, mon travail et mon environnement. Le vaillant petit soldat qui sommeille en moi s'arme de sang-froid pour livrer cette bataille. Il me reste juste quelques dizaines de jours pour enterrer plus d'une décennie de vie sous le soleil.

L'arrivée dans notre nouvelle demeure au pays de Tintin se fait sous une pluie battante et un ciel de plomb. Nous investissons un espace vide. Complètement vide, puisque le déménageur nous a fait faux bond. Pendant plusieurs jours, nous vivons sur un matelas de fortune et nous petit-déjeunons à même le sol dans de la vaisselle jetable. Je suis prise d'un sentiment de légèreté et de liberté. Une vie sans contrainte. L'étranger dévoile ses charmes bien qu'on se croirait dans un département français. Les Belges nous accueillent avec gentillesse et courtoisie. Avec son américain-frites, sa gaufre de Liège et son célèbre chocolat. Tout pour satisfaire ma gourmandise et mon besoin de contact. Les enfants font gaiement leur rentrée scolaire et découvrent toutes les activités déployées dans un pays où le développement de l'enfant est au centre de toutes les attentions.

Au bout de dix jours, nos meubles arrivent enfin. Comme s'il fallait rattraper le temps perdu, cinq petites journées me suffisent pour déballer des dizaines de mètres cubes. Tout me paraît facile et accessible. La machine est en route, le moteur ronronne. La voiture n'est pas nécessaire à mes déplacements, je pédale plus vite que les voitures. J'explore mon nouvel environnement avec une curiosité accrue. Bruxelles et son centre historique. Bruxelles et son avenue Louise. Bruxelles et son patrimoine Art nouveau. Bruxelles et son canal. Bruxelles et son bois de la Cambre ou sa forêt de Soignes. Bruxelles, ses chevaux et ses moutons.

Ma forme olympique affine ma silhouette et raccourcit mes nuits. Je m'achète des robes de soirée et m'imagine une vie mondaine. Les voisins me semblent familiers, comme si nous nous connaissions depuis toujours. Je m'intègre avec une facilité déconcertante. Mon goût pour la communication se transforme en logorrhée.

L'exaltation dura huit semaines. Je profite des vacances de la Toussaint pour mettre le moteur au repos et récupérer de cette période intense. Mais un matin, il n'y a plus de jus.

Je me réveille dans l'angoisse, car je réalise que nous n'avons reçu aucun document officiel pour notre séjour et que nous ne pouvons entamer aucune démarche administrative pour la sécurité sociale, les allocations familiales, la complémentaire santé, l'immatriculation des voitures... Ainsi commence mon parcours du combattant par le temps froid et humide de Bruxelles qui transperce jusqu'aux os. Il ne s'écoule pas un jour en l'espace de plusieurs mois où je ne suis pas en contact avec une administration.

– Bonjour Madame, je vous appelle pour mon dossier.

– Oui Madame, pourriez-vous me donner votre numéro d'identification ?

– Oui, bien sûr, il s'agit du 35 97 73 107.

– Je répète votre numéro est donc trente-cinq, nonante sept, septante trois, cent et sept ?

– Non Madame, à la fin cent sept.

– Oui cent et sept.

– Non, non, cent sept, soit 1, 0 et 7.

– Oui, cent et sept !

– Ah oui, d'accord !

– Écoutez, je vous sonne lorsque j'ai encodé votre dossier et que tout est en ordre.

Commencent ici toutes les subtilités de la langue belge. Désormais, mon fils « saurait » manger une couque pour son petit déjeuner avant d'aller à l'école faire la classe avec sa Madame, sortirait sa latte, ses marqueurs, son papier collant de son plumier et sa farde de son sac pour commencer à travailler, passerait à la toilette pour se laver les mains et se les sécher avec un essuie avant de se régaler d'un gratin aux chicons pour son dîner chaud et poursuivre tantôt sa journée de classe !

Tout à coup, je me sens à l'étranger.

Je suis décontenancée par le manque de clarté dans les formalités à accomplir comme par la joviale décontraction. Moi qui suis de nature impatiente, qui aime tout savoir et tout comprendre, me voilà servie ! J'en perds mon calme. Tout m'irrite, m'agace, m'énerve. Tout me fatigue. Le moindre détail exacerbe mon irascibilité et prend des proportions démentielles.

Je n'ai plus envie de me lever. Pourquoi se lever ? Je suis seule pendant les horaires scolaires, sans emploi, avec pour unique occupation des démarches administratives. Personne ne m'attend. La courtoisie et la politesse belge sont cantonnées aux civilités de trottoir. Je regrette mon sud, sa lumière, sa chaleur, son soleil. Je pleure mes amis, nos échanges, nos invitations. Je m'apitoie sur moi-même. Je me mets des coups de pied aux fesses pour sortir, aller à la piscine ou faire une marche et ce, à bout de souffle. J'ai le teint pâle, les cernes apparents et le regard en berne. J'arbore la face la plus sombre de ma palette de faciès, puisque j'ai cette capacité physique à avoir plusieurs visages en fonction de mon humeur (à en être parfois méconnaissable). Les kilos s'accumulent face à un manque d'activité physique et avec ce sentiment psychologique que ce qui est avalé (ni plus ni moins que d'habitude) est stocké, congestionné dans ce corps embrigadé par des pensées automatiques négatives et pessimistes. Rien n'est fluide, tout est bloqué, figé ; la respiration, la digestion, le rictus... Seules coulent les larmes de douleur, d'incompréhension, de dévalorisation, de culpabilité, de solitude face à la maladie...

Tout me paraît loin, compliqué, inaccessible. Je me sens incompétente et incapable de trouver les ressources en moi-même pour faire une démarche de retour à l'emploi dans un pays où le multilinguisme est de rigueur. Je n'ai plus aucune estime de moi-même. L'inconnu m'angoisse.

La fatigue s'intensifie. J'ai peine à m'extirper du lit. Pourtant, je dois emmener mes enfants à l'école après avoir assuré le minimum nécessaire pour leur journée de classe. Puis je retourne directement me coucher en catimini. Je crains le moment d'aller les chercher et de faire face à leur énergie débordante. Jamais une porte de placard ne m'a semblé aussi lourde à ouvrir pour trouver quelques provisions, de quoi préparer un repas pour mes enfants. J'essaie de sauver la face devant eux qui ne peuvent comprendre mon état. J'essaie d'assumer le quotidien tant bien que mal avec un mari continuellement absent pour son travail. J'en veux à mon mari et le tiens responsable de ce qui m'arrive. Il est le bouc émissaire parfait. Ma seule échappatoire serait le divorce.

Une descente aux enfers qui s'intensifiera tout l'hiver. C'est la désolation ! Je traverse une période de vide et de néant aussi stérile que dévastatrice. Je rêve d'une chambre d'hôpital pour me reposer de cette fatigue intense. Je ne peux plus respirer. J'ai mal partout. Au cœur surtout. J'ai le cœur pris dans un étau au point que je consulte pour m'assurer qu'il ne s'agit pas d'un problème cardiaque. Rien de grave, juste une crise d'angoisse !

L'épée de Damoclès est tombée. Je donnerai cher pour me sortir de mon trou et trouver l'issue du labyrinthe dans lequel je me trouve. Le voyage aux méandres de mes esprits me hante. Je suis en colère contre moi-même, le monde et Dieu. « Mon Dieu, mon Dieu, pourquoi m'as-tu abandonné ?/Le salut est loin de moi, loin des mots que je rugis/Mon Dieu, j'appelle tout le jour, et tu ne réponds pas/Même la nuit, je n'ai pas de repos[1]. »

J'aurais fait n'importe quoi pour me sortir de cet état... Compléments alimentaires, médecine douce, coupe de cheveux énergétique, prières et sacrement des malades... Pourvu que je puisse m'en sortir seule, sans recourir à la médecine. Quel doux rêve !

1. Psaume 22 (21 dans la numérotation grecque) est aussi appelé psaume du serviteur souffrant.

Chemin de déni et pêché d'orgueil ? Comme si je pouvais croire une nouvelle fois que je pouvais m'en sortir par moi-même et que les consultations, thérapies et traitements psychiatriques étaient révolus. Il fallait que j'arrête de me voiler la face et que je me fasse à l'idée de renouer avec mon passé psychiatrique.

La trêve allopathique a duré quinze mois et celle des consultations neuf mois seulement (même si pendant toute cette période ma psychiatre française n'a jamais cessé de me soutenir par mail et par téléphone et qu'elle me soit aujourd'hui encore très fidèle). Il faut me résigner à trouver un psychiatre belge.

Lequel, où, comment ? Dans une ville où je ne connais personne, il m'est difficile d'étaler à mes quelques connaissances mes problèmes métaphysiques et psychologiques. Tant pis, j'en parle quand même à une maman de l'école assistante sociale, car il y a urgence. Elle me communique les coordonnées d'un confrère. J'obtiens un rendez-vous sous dix jours. Impossible ! Je ne peux plus attendre, au secours ! Je ne me supporte plus et ne supporte plus l'idée d'une vie ponctuée d'exaltations et de dépressions. Je réalise l'aspect chronique de la maladie et m'en décourage d'avance. Je ne souhaite cela à personne et encore moins à mes enfants, puisqu'ils pourraient hériter de cette prédisposition. Je préfère encore souffrir pour eux et les épargner de cela. L'idée d'en finir avec tout me traverse l'esprit. J'aimerais abroger définitivement cette souffrance dont je ne vois pas la fin.

Je ne suis même pas capable de prendre un avion ou un train pour assister à l'enterrement de mon parrain. Mais je puise dans le peu de forces qu'il me reste pour faire une recherche sur Internet. Dans le moteur de recherche, je tape « trouble bipolaire Bruxelles ». Je trouve les coordonnées d'une association d'entraide qui me communique celles de psychiatres. Je joins directement la psychiatre sur son portable. Cette fois-ci c'est mieux, j'obtiens un rendez-vous sous quatre jours dans un centre de consultation multidisciplinaire de psychiatrie et de psychothérapie flambant neuf, attenant à l'un des plus grands hôpitaux psychiatriques de la ville. J'ignorais complètement l'existence de cet établissement situé à deux minutes à vol d'oiseau de la maison. Quelle providence !

Je pénètre dans ce bâtiment en pleine rénovation et prends place dans un espace aménagé en salle d'attente de fortune en espérant être au bon endroit, car rien n'est indiqué. Tout est blanc et impersonnel, les ouvriers s'affairent pour passer des câbles et finir d'installer un ascenseur. Des médecins vont et viennent pour chercher leurs patients.

– Madame Gabert ?

– Oui.

Je suis cette jolie jeune femme blonde, moderne, élancée dans son tailleur-pantalon noir, juchée sur ses hauts talons, dans un couloir monacal jusqu'à un local. Une pièce froide et sans âme où trône un bureau beige à l'aspect pur avec deux fauteuils bleus. Je m'assois face à elle, son agenda, son téléphone portable, son plumier, son bloc-notes et sa canette de boisson énergisante. De ses mains aux ongles vernis et décorés de strass, elle attrape son bloc-notes, sa latte (vous aurez compris, sa règle) et ses surligneurs. Elle y inscrit de son stylo bleu la date du jour, mon nom, les surligne, puis relève la tête.

– Que puis-je faire pour vous, me demande-t-elle, avec son regard de biche en attrapant son stylo, prête à noter.

– Je vais vite vous résumer la situation : des hauts, des bas, puis diagnostiquée bipolaire à l'âge de trente et un ans, traitée puis sevrée cinq ans plus tard de mon thymorégulateur, un déménagement il y a huit mois, une phase hypomaniaque puis une perte de repères totale, suivie d'une dépression majeure, lui racontais-je en pleurs.

– On ne guérit pas d'un trouble bipolaire, me dit-elle en me tendant un mouchoir. Il faut bien vous mettre cela dans la tête. Il vous faut suivre un traitement à vie, sinon vous ne pourrez éviter les rechutes et leurs dommages collatéraux de plus en plus sévères. Il est impératif de reprendre un traitement dès aujourd'hui pour vous rétablir au plus vite et si vous souhaitez une vie stable.

– Le traitement que je prenais n'était pas satisfaisant, il n'empêchait pas des rechutes dépressives, et donc je continuais par périodes à prendre des antidépresseurs.

– Alors, voyons ce qu'on peut trouver ensemble, me dit-elle en attrapant une autre feuille. Elle fait une classification des différents traitements et par élimination m'en propose deux. Nous comparons les éventuels effets secondaires de chacun et nous nous mettons d'accord sur un autre antiépileptique, le Lambipol, faisant office de stabilisateur de l'humeur.

Vous suivrez donc le protocole de prise suivante ; 50 mg pendant huit jours puis 100 mg et vous passerez à 200 mg quand nous nous reverrons.

– D'accord, et pensez-vous que cela fera effet rapidement ?

– Il faut compter environ trois semaines.

– Hmm, encore trois semaines de galère ! me dis-je en mon fort intérieur.

– Par ailleurs, les médicaments ne suffisent pas. Il faut en parallèle mener une thérapie comportementale et cognitive pour que le traitement soit efficace. Nous savons que les pensées conditionnent les émotions et donc nos actions. Ce n'est pas le monde extérieur qui est la cause de nos émotions et de notre humeur, mais seulement la représentation que l'on s'en fait qui détermine nos pensées. Il vous faut alors travailler sur votre mode de fonctionnement pour changer votre comportement et vos pensées.

J'ai eu la chance de me trouver face à une professionnelle très pédagogue. Elle m'a tout de suite rassurée et convaincue de la nécessité de reprendre mes soins.

Huit jours plus tard, avant même que les médicaments n'aient pu agir, j'étais capable de tenir debout. Au bout de trois mois, j'avais récupéré 80 % de mon énergie.

Mais avant de retrouver confiance, estime de soi et l'intégralité de mon énergie, il me faudra attendre longtemps.

Une convalescence qui dure dix-huit mois.

Aujourd'hui, je peux considérer que je suis en phase de stabilisation.

Si un déménagement est toujours déstabilisant parce que l'on perd ses repères et que l'on doit faire le deuil d'une tranche de vie, après neuf déménagements dans des destinations différentes, j'aurai dû être aguerrie pourtant !

En fait, il n'en est rien. Je prends conscience que mes réactions ont été disproportionnées par rapport à l'événement. Je prends conscience aussi qu'un déménagement comme une séparation, un deuil ou un licenciement sont des moments à risque pour les personnes atteintes de troubles bipolaires, qui ont besoin plus que quiconque de repères et d'une vie la plus régulière et la moins perturbée possible pour éviter de bouleverser leurs habitudes.

Avec cet épisode, je prends conscience pour la première fois qu'il y a une corrélation entre dépression et hypomanie. L'une ne va pas sans l'autre et l'une suit l'autre. Ce fut, à ce jour, mon dernier virage hypomaniaque suivi d'une dépression. Et j'espère que ce fut celui qui enterrera à jamais toutes mes crises.

Depuis ce moment, j'ai déroulé le film de ma vie et disséqué chaque oscillation d'humeur. J'en mesure toutes les conséquences en termes physiques, psychiques et cognitifs.

Il me faut faire le deuil de tous ces états euphoriques qui, en l'occurrence, ne me permettront jamais de rattraper tout le temps estimé perdu lors des périodes dépressives. Savoir contenir ma « bonne humeur » est un signe de maturité pour endiguer les rechutes et permettre un état stable.

Mes enfants et mon mari embarqués dans la tornade

Marie

Exaltée, je me sens en contact avec le divin

Dans mes moments de désinhibition et d'euphorie, j'ai des discussions sans fin avec les gens de ma rue. Je recherche les plus simples, et souvent les plus paumés. Je drague allègrement le brocanteur du coin, j'invite la fleuriste à venir chez moi, j'achète de la déco autant pour faire plaisir au commerçant que pour rendre mon monde plus beau. Plus de barrières sociales, plus de différences, le monde est grand ! Et c'est Dieu même qui m'accompagne dans cette recherche effrénée de contacts, dans ce don de sourires, dans ces échanges de paroles, dans cette vision d'un monde idéal où la joie règne pour chacun. Je suis une véritable héroïne d'avoir compris cela, de traîner dans la rue, de parler avec les largués, de devenir l'humble des humbles, d'aimer l'humanité. Plus de contraintes non plus, plus de quotidien fade et pesant, tout est exceptionnel et unique à la fois. Le plaisir est absolu, c'est un enchaînement de ravissements sans fin. Après le jour qui est merveilleux viendra la nuit encore plus fantastique. Et les heures s'enchaînent ainsi, dans la recherche d'une volupté presque mystique. Je suis en contact avec le divin.

Ai-je vraiment été sans danger pour les autres ?

Mais ai-je toujours été dans ce monde si beau ? Mon état m'emmenait-il forcément dans l'exaltation et l'euphorie ? Et ai-je été sans danger pour les autres ?

Que pourrait dire mon fils Pierre à qui je déclare, alors qu'il a douze ans, des contre-vérités délirantes, à savoir que ses parents vont divorcer, qu'il faut choisir entre papa et maman, que papa est dangereux, qu'il fait partie de groupuscules d'extrême droite, que de toute façon il a une double vie avec une Hollandaise, ce qui explique ses nombreux déplacements dans ce pays, etc. et que je vois mon Pierre s'effondrer, en pleine gare, courir à toutes jambes, refuser de revenir, batailler et me fuir ? Dans mon élan, je l'emmène en train pour Paris, alors que nous habitions à ce moment-là à Bruxelles, jusqu'à ce que Blandine – ma belle-sœur –, vienne nous récupérer, prévenue je ne sais comment.

De son côté, Guillaume, inquiet, décide de toute urgence de prendre la route malgré la distance. Persuadé qu'il est nocif, je refuse catégoriquement de le voir. Je me résigne finalement, et il m'emmène – le traître ! – directement chez le psychiatre, chez qui je hurle littéralement pour le convaincre qu'il n'est pas nécessaire de m'hospitaliser. Pendant un long moment, nous sommes dans une sorte de négociation au coude à coude. Bien sûr, légalement celui-ci aurait pu m'hospitaliser de force, mais par souci éthique, il veut avoir l'assentiment de son patient. Il me laisse donc vingt-quatre heures de liberté supplémentaire, pendant lesquelles je vais dormir chez une amie – refusant toujours de voir mon mari – avec un gros cachet pour ne pas passer une nuit de plus sans sommeil. Et j'honore le lendemain, avec des pieds de plomb, mon rendez-vous à l'hôpital.

Je ne reparlai jamais de cet épisode à Pierre, qui lui-même ne m'a jamais posé de question. Les choses s'en sont allées ainsi. Qu'a-t-il pensé de cela ? Et que lui a-t-on dit ? Que lui en reste-t-il aujourd'hui ? Sept ans plus tard, devenu majeur, il me dit, dans un mouvement de colère : « De toute façon, je ne crois pas en la famille ! » Je n'arrive pas à penser que cette phrase est le fruit d'une simple provocation. N'est-elle pas aussi le résidu de cette histoire ?

En l'entendant ainsi, c'est le plus cuisant de mes souvenirs qui me revenait à la figure. Ce jour de folie où j'avais brisé le rêve d'unité familiale d'un enfant, le mien, brutalement et d'un coup sec, comme avec un pic à glace aiguisé. Ce jour où je lui avais insufflé le doute, où j'avais brouillé la vérité, démantibulé l'amour, défiguré le père. Ce jour où il dut penser que tout n'était que faux, l'édifice factice, la famille bouffonnerie. Ce n'était pas seulement une mère qui délirait, c'était un monde qui s'écroulait à ses yeux. Et moi, croyant le protéger, je n'avais été que mauvaise fée, vilaine mère, maman destructrice. Ce jour-là, oui, j'en sûre, j'ai – bien malgré moi – fait un mal infini à mon Pierre.

Quelques années avant, c'était Pierre et Chloé que je prenais sous le bras – ils avaient neuf et six ans et moi trente-sept. Je les empêche de revenir chez nous et les embarque chez les voisins de palier que nous connaissons peu et qui ont vingt ans de plus. Il me faut les protéger de leur père, dont j'ai eu la délirante révélation qu'il est un danger pour la famille. Je me suis souvenue du piolet de montagne rangé à la cave et je le soupçonne d'être destiné à nous trucider tous. Ce père est dangereux, me suis-je encore une fois persuadée, et, de plus, je suis sûre qu'il a demandé à l'ouvrier de notre appartement d'infiltrer des câbles dans les murs pour nous mettre sur écoute. À eux deux, ils forment un complot redoutable et nuisible dont il faut protéger mes enfants à tout prix. Guillaume est tout à coup devenu à mes yeux un véritable Barbe-Bleue.

Aussi, je refuse des heures durant de retourner chez moi par peur du maudit piolet et de l'ouvrier malveillant. Bien heureusement, je tombe sur des voisins compréhensifs, non pas tant de ma folie que de mon désarroi. Le soir venu, Guillaume vient reprendre les enfants que je lui laisse à contrecœur. La baby-sitter habituelle, affolée par cette ambiance, souhaite alors nous quitter sur-le-champ par peur des « mauvaises ondes ». Guillaume, qui se doute bien qu'il en aura plus que jamais besoin, la persuade de rester. Pour ma part, il n'est pas question de revenir chez moi pour la nuit : l'image du piolet rôde dans mon esprit délirant. Les voisins veulent bien me prêter un lit, et j'ai l'audace de leur demander une brosse à dents avant de me coucher. Le lendemain, mon père vient me chercher et m'emmène à l'hôpital. Je ne résiste pas. Je ne crois pas l'avoir connu plus bouleversé et inquiet que ce jour-là.

Comment mes enfants interprétaient-ils ma peur et ma paranoïa ? Quelles clés avaient-ils pour se défendre d'une telle folie ? Ce ne sont pas seulement mes enfants que je pouvais abîmer ainsi, c'est toute une famille que j'aurais pu mettre en morceaux…

À la maison, une organisation tirée au cordeau

Pendant ce temps-là, Guillaume gérait comme il pouvait. Si mon père – et même mon frère une fois ! – m'ont parfois accompagnée à l'hôpital, Guillaume a fait le reste : organiser les allers et venues à l'école, les devoirs, les soirées, les week-ends, les mille choses du quotidien. C'était une organisation tirée au cordeau dans laquelle les grands-parents n'intervenaient pas, ou si peu. Guillaume ne voulait pas que les enfants quittent leur environnement familier. Il refusait que quiconque prenne la relève à l'extérieur. C'était sa façon de voir les choses. Il orchestrait, entre un travail prenant, ses visites à l'hôpital, les enfants.

Une fois, c'était très compliqué. J'étais hospitalisée pendant deux mois et demi en pleine rentrée des classes, à Paris, alors que j'habitais à Bruxelles, où j'avais suivi Guillaume en expatriation. Pierre allait passer l'année scolaire dans un collège anglais et, pour parfaire le tout, Guillaume avait un travail pour lequel il devait voyager trois jours par semaine. Au final, Chloé, dix ans, se retrouvait seule à la maison ! Guillaume a dû déroger à ses principes et confier Chloé à une famille « d'accueil » qui était celle de sa meilleure amie. Au passage, il demanda à l'école de mettre les deux filles dans la même classe pour que les emplois du temps concordent. La famille, que nous connaissions alors peu, se montra disponible et infiniment généreuse (ils avaient déjà quatre enfants !). Et Guillaume récupérait notre fille pour la fin de semaine, aidé de la baby-sitter habituelle qui était d'une gaieté bienvenue. Guillaume avait pensé à une petite chose, qui était d'offrir à Chloé un journal intime, pour qu'elle puisse écrire, si elle le souhaitait, sur cette période si bizarre. Je crois que cela l'aida beaucoup à vivre les choses avec une certaine sérénité. « Cher journal, tu ne devineras jamais, MAMAN EST REVENUE ! Aujourd'hui, le vendredi 9 novembre à 15 h 45, maman tant attendue est revenue… » 15 h 45, comme une renaissance…

Du fin fond de son collège anglais, je n'ai jamais su ce que ressentait Pierre. À treize ans, l'éloignement de la famille était déjà difficile pour lui, mais il fallait y ajouter l'éloignement psychologique d'une maman qui ne répondait pas. Pour pallier ce manque, Guillaume lui téléphonait tous les jours, sans exception. Mais une fois rentrée chez moi, je ne rattrapais pas le train de la relation… jusqu'à bien longtemps après. Je ne sais si aujourd'hui encore j'ai tout rattrapé.

Quand la machine s'emballe

Les crises ne sont pas tenables. La machine s'est emballée. Je n'écoute plus personne. Je crie à la maison. Je ne dors plus. Je n'ai plus de notion des heures. Je ne m'alimente plus. Je commence dix projets sans les terminer. Je fume cigarette sur cigarette. J'interprète tout à ma manière, plutôt façon paranoïaque : « L'ouvrier, là, qui est en train de travailler dans l'appartement, pourquoi met-il des fils électriques dans le mur ? C'est bien des fils d'écoute n'est-ce pas ? La preuve, il me regarde avec un air bizarre… Et puis au travail, j'étais sur écoute aussi, pourquoi m'auraient-ils échangé mon ordinateur sinon… et ce type, dans la rue, je reconnais son pull, pourquoi a-t-il changé de magasin en même temps que moi ? » On me suit, on m'en veut, on voit dans mes pensées, je suis cernée, j'étouffe, au secours…

Moments de folie, où je suis dans l'incapacité de m'occuper de mes enfants, qui n'ont aucune clé pour comprendre le tourbillon qui se déroule sous leurs yeux. Car c'est bien là la particularité de cette maladie : personne n'y comprend rien, à commencer par soi-même. Les déclencheurs ne sont pas toujours visibles, parfois, ils remontent à plusieurs années auparavant, ce n'est pas une simple mécanique action-réaction, comme certains veulent le croire (il y en a encore pour penser que l'on devient bipolaire parce qu'on a raté un examen). C'est une explosion chimique qui s'appelle le mystère de l'âme humaine, reflet de son infinie complexité. Comment donc mes bouts de chou auraient-ils pu saisir ce que même les médecins n'avaient pas réussi à appréhender ?

L'hôpital

Hélène

J'ai eu la chance que mon état n'ait jamais nécessité d'hospitalisation.

Un univers carcéral en blouses blanches

Marie

De l'état de choc à la camisole chimique

L'hôpital, c'est d'abord une grande porte qui se ferme derrière vous.

Guillaume m'avouera après à quel point cette porte qui vous sépare du monde extérieur est un soulagement pour lui. Après qu'il m'eut poursuivie des heures et des heures, et même une fois une nuit entière, le lieu fermé et médicalisé lui apparaît salvateur.

Pour moi, l'hôpital est un sas démoniaque. Je suis en phase maniaque, j'en ressortirai en phase déprimée, je rentre en état de choc, j'en ressortirai sous camisole chimique.

En attendant, je plonge je ne sais où. Je ne voulais pas venir ; j'ai déjà goûté à cet univers carcéral en blouses blanches. Je suis encore dans l'épais brouillard du monde que je me suis construit. Dans une sorte de pièce de théâtre avec des gens fictifs.

Une fois, j'ai cru voir en un patient Hosni Moubarak, une autre fois Jean-Marie Le Pen. Lorsque certains patients me parlent, ce sont des phrases inventées que j'entends. Ainsi, j'ai cru une fois que l'on me disait « Madame, votre fils fond comme neige au soleil » et j'avais interprété cette parole comme l'annonce de la mort de mon fils ; à partir de cette information, bien sûr totalement erronée, je me suis construit un film morbide, pensant que mon mari et ma fille – les deux survivants de la famille – étaient partis se réfugier en Suisse (toujours la Suisse !). Je ne communiquais mes terreurs imaginaires à personne, mais c'est bien dans cet état d'esprit que je vivais les premiers jours de mon hospitalisation. Dans les arcanes de mon imagination galopante.

Parfois, j'étais en chambre seule, parfois à deux. À deux c'était plus gai, mais seule c'était plus sûr. Non pas qu'il fallût craindre des autres patients – quoique, j'ai toujours eu une petite inquiétude ! – mais certains ne prenaient pas la peine de cacher leur folie. Un d'entre eux, par exemple, avait la manie de s'allonger dans le lit des autres. Quand il vint sur le mien, je n'y étais pas, mais je le sommais de quitter les lieux et exigeais du personnel soignant de changer les draps...

Certains hôpitaux ne proposaient que des chambres seules, mais dans un tel état. C'était le cas des anciens bâtiments de l'unité psychiatrique de la Pitié-Salpêtrière, le pavillon Quentin, disparu depuis. « Une expérience dont on ne revient pas indemne ! » dira plus tard Guillaume, pourtant d'un naturel modéré. Entre prison et hôpital, tout prêtait à confusion. Comme toujours, dans ces lieux, tout est fait pour éviter les tentatives de suicide. Pas de poignée, pas de crochet, pas de verre dans les chambres. À l'arrivée, on nous confisquait ceinture et bijoux. Un lit en fer fixé au sol et une table de nuit. C'étaient des cellules blafardes aux vitres à verre flouté. Les portes étaient massives et hautes, avec un petit grillage qui permettait d'apercevoir le couloir. Les verrous étaient extérieurs. Ce dispositif était plutôt destiné à protéger le patient contre lui-même, mais sans doute aussi de la société. En tout cas, il fallait l'éloigner d'un monde extérieur ressenti comme trop agressif. Dans ces couloirs, le temps s'était arrêté au XIXe siècle. Il y avait quelques fauteuils disposés dans une sorte de grand couloir élargi. Et un minuscule salon télé. Avec cela, il faut occuper le temps, du réveil vers huit heures jusqu'au coucher. Car la véritable épreuve à l'hôpital est de tuer ce temps qui devient un véritable ennemi.

Les premiers jours, seul mon mari était habilité à venir me voir. Il pouvait rentrer dans la petite bâtisse aux ouvertures grillagées où se trouvait ma chambre en passant par le sas de sécurité où il était obligatoire de décliner son identité. Derrière sa petite ouverture, le gardien le laissait alors passer.

Je ne sais pas ce qu'ont ressenti les quelques amis qui sont venus. Mon image a dû en prendre un sacré coup. Il y a bien dû en avoir au moins un pour penser que je ne pourrai ressortir d'un lieu pareil…

Dans mon cas, l'hospitalisation a pour but de stopper la crise maniaque et de mettre au point un traitement pour la suite. Stopper la phase maniaque, c'est assez rapide, il y a des médicaments puissants pour cela (des trucs qui vous rigidifient les muscles et même ralentissent la parole, comme l'Haldol, puissant antipsychotique neuroleptique destiné aux « états psychotiques aigus, schizophrénie, délires chroniques non schizophréniques : délires paranoïaques, psychoses hallucinatoires chroniques » !). Mais mettre au point le traitement pour la suite, c'est assez long. Tout est question de dosage et, parfois, il faut attendre quinze jours pour avoir le résultat d'un essai. S'il ne s'avère pas concluant, me voilà alors repartie pour un autre essai de quinze jours.

Ainsi, ma dernière hospitalisation – j'avais quarante et un an – a duré deux mois et demi… Mon traitement s'est toujours limité à la prescription de médicaments. Je n'ai jamais eu d'électrochocs par exemple. Je serais devenue une lionne de toute façon, si l'on avait essayé de me soigner de cette manière-là. À tort ou à raison, j'ai une image déplorable des électrochocs, que j'amalgame immanquablement au film de Milos Forman, *Vol au-dessus d'un nid de coucou*. Et quand je vois défiler sous mes yeux ces patientes, au retour de leurs séances, éméchées, amorties, allongées sur un brancard à roulettes, cela me conforte malheureusement dans mon angoisse. Je crois cependant que leur efficacité est avérée dans certains cas.

De quinze jours en quinze jours, le temps est éternel. Passé la première semaine qui se déroule très vite – je suis dans un autre monde –, je redescends sur terre et là commence l'ennui. Je compte les jours, je compte les heures, et parfois les minutes, mais quand sortirai-je donc ? À chaque visite de l'équipe médicale, c'est l'espoir : me donnera-t-on enfin mon jour de sortie ? Ces visites de médecins sont odieuses : une ribambelle de blouses blanches débarque dans ma chambre pour me poser deux questions et repartir illico. Qu'ont-ils perçu de moi ? En les apercevant dans le couloir, j'avais pourtant pris le soin d'un petit coup de brosse pour faire meilleure figure… mais rien n'y a fait. Ils repasseront demain, s'il n'y a ni grève, ni week-end, ni jour férié…

« Profite de ton temps pour lire et écrire ! » me dit naïvement mon mari. Mais si j'étais dans cette forme, qu'irais-je faire dans un hôpital ? Les médicaments m'assomment littéralement. Une copine me dit même que, lors d'une de ses visites, je me suis endormie avant la fin de sa phrase. Il m'est impossible de lire, je ne me concentre pas plus de cinq minutes à la fois. Je suis incapable de partager avec les autres patients trop différents, véritable concentré de singularités délirantes. Dans certains hôpitaux, on « ouvre » la cour s'il fait beau pour profiter du ping-pong ou faire une partie de badminton. Tout cela est en décalage profond avec mon état psychique. Je reviens du tréfonds de la vie, et on me propose de faire voler dans les airs un projectile planté de plumes ! Je ne suis pas du tout réceptive aux activités proposées aux patients dans les hôpitaux quand il y en a. Mon cerveau est comme paralysé, je suis sous camisole chimique et dans l'incapacité de faire quoi que ce soit. Tous les patients de l'hôpital ne sont pas dans mon cas. Les cas traités sont bien sûr divers et variés, et chacun évolue dans la bulle de ses fantasmes. Nous partageons peu nos histoires.

Mes copines d'hôpital

J'ai pourtant eu quelques copines à l'hôpital. Je me souviens du bâtiment Lasègue de la Pitié-Salpêtrière, le bâtiment entièrement fermé constitué de « chambres d'isolement » – on appréciera la terminologie – dont on ne pouvait pas sortir sans autorisation spéciale. Il y avait deux-trois filles avec lesquelles je me retrouvais à table, le midi et le soir. De quoi parlait-on ? Je me souviens de quelques rires et surtout de l'attente commune que nous avions de rejoindre au plus vite l'étage Clairambault, le bien nommé, qui était l'étape avant la sortie, dans une unité ouverte sur l'extérieur. Selon un je-ne-sais-quoi d'amélioration de votre état, l'équipe médicale décrétait un jour que vous étiez apte à rejoindre le fameux bâtiment synonyme de liberté. Petit à petit, nous nous y retrouvions toutes et additionnées à une ou deux autres supplémentaires, nous avions fini par former une petite bande improbable et presque joyeuse. Jamais nous n'échangions sur nos véritables histoires. C'était plutôt le présent qui inspirait nos quelques conversations, comme nos traitements, les médecins, nos voisins de chambre, etc. Je me souviens du cynisme d'Audrey dont la préoccupation constante était de se trouver la bonne recette de suicide sur Internet. Lorsque l'une d'entre nous sortait définitivement, il nous arrivait de faire un petit pot de départ en s'échangeant les adresses, comme en colo. Mais aurions-nous pu nous retrouver dans un autre contexte ? Dans tous les cas, rien n'était feint, tout était vrai. Mais si étrange.

Je suis retournée récemment avec Guillaume voir la Pitié-Salpêtrière, qui ne fut jamais qu'un des trois hôpitaux que j'ai fréquenté, mais celui dans lequel j'ai passé le plus de temps. Nous avons erré d'un bâtiment à l'autre, à la recherche du fameux pavillon Quentin. Guillaume, doté d'un bon sens de l'orientation, s'est perdu autant que moi dans ce labyrinthe d'unités spécialisées. Nous avons retrouvé le bâtiment des chambres d'isolement Lasègue, et même arpenté les couloirs de l'unité libre de Clairambault, mais pas de « Quentin ». Le bâtiment en brique grise d'origine n'avait pas été transformé, comme je l'avais cru dans un premier temps. Il avait tout simplement été ratiboisé et remplacé par une bâtisse moderne, d'un style résolument différent et d'un nom différent également. Plus de patients, mais des services de recherche. Un pan de l'histoire de l'hôpital de la Pitié-Salpêtrière a pris fin avec la destruction du pavillon Quentin et une trace de l'histoire de la psychiatrie française a disparu avec. Une nef des fous s'est écroulée emportant avec elle son flot d'histoires insensées. J'aurais préféré me confronter à la réalité des souvenirs d'antan que de voir gommé soigneusement ce lieu de mon histoire. Elle ne devait pas être très fière, Mme La Pitié, de son vétuste pavillon des fous, pour devoir en effacer à ce point la plus petite des traces…

Mornes journées

À l'hôpital, mes journées étaient ponctuées d'une trentaine de cigarettes et d'une ou deux visites. C'est important les visites, salvateur, capital… C'est votre lien avec l'extérieur, votre fenêtre sur le monde. Cela vous distrait de la morne plaine de votre quotidien. Bien sûr, parfois vous n'êtes pas très en phase avec votre interlocuteur, bien habillé, tout propre sur lui, qui est dans un monde actif et rationnel et qui pense à l'endroit. Bien sûr, la pudeur dicte une trame de conversation qui reste souvent dans la banalité, même si parfois j'étais dans un état de volubilité incroyable. Mais comment pouvais-je raconter intelligiblement ce que je n'avais pas compris moi-même ? Car j'étais – et pour bien longtemps – en état de choc. Que s'imaginaient donc mes amis en venant me voir ?

Certains sont venus : ma belle-famille, affectueuse, attendrie, un frère et quelques neveux, compatissants, généreux, mes proches amis, fidèles, courageux et d'autres encore, inattendus ou improbables. Mon père, bouleversé, vint à chaque fois jusqu'à ce qu'en phase terminale de cancer il dut capituler, pour ma dernière hospitalisation. J'ai refusé la visite de ma mère la première fois. Par la suite, elle n'a plus voulu venir. Ma sœur, bizarrement, ne s'est jamais déplacée. Elle devait trouver que mes problèmes de santé prenaient trop de place au sein de la famille et avait décrété auprès de mon père que je « n'avais qu'à me faire soigner ! », conseil que celui-ci avait eu la délicatesse de me rapporter, et que je suivais à la lettre, du fin fond du 47, boulevard de l'Hôpital.

Mes enfants sont venus, bien entendu. Peu souvent, mais au moins une fois à chaque hospitalisation. Je n'avais pas les mots pour les accueillir, leur parler, leur expliquer quoi que ce soit. Je ne sais pas de quelles paroles leur père avait accompagné la visite. Un jour, je vis une larme sur la joue de Pierre et ne le consolais pas. Pour la première fois, il portait des lunettes, et je ne lui en fis même pas la remarque. J'étais une mère absente.

Enfin la sortie !

Et puis un jour, le jour tant attendu, c'est la sortie, c'est la rentrée chez soi. Enfin, je vais pouvoir faire ce que je veux, me libérer des infirmières autoritaires – je ne sais pas pourquoi on recrute toujours des sergents chefs dans les services psychiatriques ! – et profiter de tout. Pendant trois jours, c'est l'euphorie, même si je suis encore bien calmée par les psychotropes. Tout est beau, tout est bien, tout est rose, tout est à l'antithèse de l'hôpital d'où je viens. Des copines m'accueillent au téléphone, quelques invitations me rappellent qu'il y a des gens bien, un monceau de lettres et de courrier en tout genre m'attend, mais c'est la vie, je m'en réjouis.

Et pourtant... Je vais m'apercevoir petit à petit que je suis sur un champ de ruines. Que rien ne m'attend, en réalité, si ce n'est un quotidien trop pesant pour moi. Lorsque j'étais en congé maladie vis-à-vis de mon travail, je me posais la question « que pensera-t-on de moi à mon retour ? ». Lorsque j'étais sans travail, je me demandais si un jour je pourrai en retrouver un.

Un champ de ruines, parce que vous vous sentez à la merci de forces obscures dont vous ne maîtrisez pas l'origine, et, chose plus inquiétante, dont votre entourage et même parfois vos médecins ignorent le mécanisme.

Un champ de ruines, parce que vous avez perdu bien des amis en route, que vous ne savez pas ce que pensent les autres et que de toute façon vous vous sentez seule.

Un champ de ruines, parce que vous êtes rentrée dans la deuxième phase de votre maladie, la phase dépressive, qui n'est que le reflet d'un moral sapé, ratiboisé, sectionné à la base.

Tout est à recommencer, à commencer par l'image de soi bien sûr, mais, surtout, la com-préhen-sion de soi.

Un bon thérapeute, une bonne écoute et un bon traitement

Hélène

> « À certains moments, il semble qu'on ait besoin d'une âme attentive, étrangère à soi, pour s'assurer de ce que l'on est. »
>
> Jacqueline Dupuy,
> *Le Sabre d'Arlequin*

En juin 2002, j'entre dans la pharmacie au coin du cours Mirabeau pour acheter mes médicaments et j'en profite pour demander :

– Connaissez-vous un psychiatre ? Avez-vous une adresse à me recommander ?

– Nous ne pouvons recommander de médecins, mais, personnellement, j'ai entendu parler du docteur C. qui semble avoir une bonne réputation.

Il me faudra attendre trois mois avant mon premier rendez-vous. Mais cela valait le coup d'attendre. J'ai eu la chance de trouver une psychiatre pratiquant des thérapies cognitives et comportementales[1]. Je souhaitais traiter simultanément mes

1. Les thérapies cognitives et comportementales, créées par l'Américain Gregory Bateson, se focalisent essentiellement sur

problèmes psychiques et comportementaux plutôt que de consulter psychiatre et psychothérapeute séparément. J'ai trouvé une interlocutrice unique, qui a tout de suite cerné le problème et qui posera le diagnostic dix-huit mois plus tard.

Sous son air distant se cache une grande professionnelle à l'esprit vif, une psychiatre attentive et prévenante, capable d'établir une relation de confiance et d'amener les choses avec tact.

« Dès notre premier entretien, la présence d'un trouble bipolaire m'a effleuré l'esprit. Vous vous êtes présentée comme cyclothymique », me dira-t-elle au moment du diagnostic. Pourtant, elle a pris la peine de m'observer pendant dix-huit mois avant de poser celui-ci. Dix-huit mois où elle m'a observée, convaincue de prendre un traitement et dispensé une thérapie efficace. Dix-huit mois où elle a souhaité s'assurer de mon évolution avant de poser un diagnostic et de me proposer un traitement *ad vitam*.

Moi qui suis plutôt récalcitrante aux médicaments, elle a réussi à me persuader d'absorber un cocktail chimique efficace. Des comprimés ou des gélules, des originaux ou des génériques, des blancs, bleus ou rouges, des sécables ou non sécables, des ronds ou des allongés... j'en aurai avalé ! Aussi efficaces qu'indispensables pour traiter au plus vite la maladie, et pour endiguer ses effets collatéraux.

Dans un premier temps, il s'agissait de traiter ma dépression masquée et les accès dépressifs saison-

---

les symptômes, et sont fondées sur une remise en question de ses pensées négatives et sur l'apprentissage de nouveaux comportements.

niers avec l'antidépresseur Ixel accompagné parfois de l'anxiolytique Alprazolam (Xanax) et rarement du somnifère Zopiclone (Imovane). Traitements permettant de renouer avec des réactions et pensées positives, de soigner les symptômes anxieux et de favoriser le sommeil. Bien évidemment, tous ces médicaments ne sont pas dépourvus d'effets secondaires tels que sécheresse buccale, modification de la libido, maux de tête, constipation... Mais cela est négligeable lorsqu'on souhaite à tout prix sortir de la dépression.

Puis dans un second temps, après le diagnostic, il fallait stabiliser mes humeurs avec le célèbre thymorégulateur de référence qu'est le lithium, puisque j'avais fait une allergie au Tegretol (Carbamazepine, un antiépileptique faisant office de thymorégulateur). Comme je me montrais plutôt méfiante et sceptique, ma psychiatre n'a pas hésité à m'inviter à consulter d'autres spécialistes pour avoir leur avis et me sentir en confiance. Face à un positionnement identique de l'ensemble de ses confrères, je ne pouvais plus reculer. Elle proposait, je disposais.

C'est ainsi que je me suis astreinte à de nombreux bilans sanguins pour trouver le bon dosage allopathique et à des bilans thyroïdiens réguliers pour contrôler et prévenir d'éventuels effets indésirables, comme un léger dérèglement de la thyroïde que je dois traiter quotidiennement (dû à la prise du lithium ou aux grossesses successives ? Je ne le saurai jamais).

L'alarme de mon téléphone sonne tous les soirs à vingt heures précises pour me rappeler mon devoir quotidien. J'avale une dose qui oscille entre 800 et 1 000 mg selon mes variations hormonales et pondérales. Sur les recommandations de ma psychiatre, j'adapte alors mon traitement car en deçà il n'est pas efficace et au-delà il s'avère toxique. Ce lithium m'a accompagnée pendant cinq années… le temps de me marier et d'avoir deux enfants.

Deux grossesses sous lithium

Évidemment, aucun médecin ne recommandera une grossesse sous un traitement pouvant provoquer des malformations. C'est possible avec un certain protocole, mais ce n'est pas sans risque d'anomalie pour le fœtus. Même si j'ai toujours été confiante, il m'a fallu patienter jusqu'au cinquième mois de grossesse pour lever tout doute sur une éventuelle malformation cardiaque en réalisant une échographie cardiaque du bébé. Une fois ce stress passé, je me suis simplement sevrée du lithium dix jours avant l'accouchement, puis je l'ai repris ensuite. L'allaitement étant inenvisageable, mes enfants se sont consolés d'un lait maternisé faisant tout aussi bien l'affaire, paraît-il !

Mais au fil des ans, ce lithium ne m'a pas empêchée de prendre, tout de même, pendant les rechutes dépressives, des antidépresseurs, comme au moment de mon post-partum. Les antidépresseurs ont donc accompagné ma seconde grossesse. J'avoue que je ne comprenais pas bien pourquoi je prenais lithium et antidépresseur… Finalement, j'avais ajouté un traitement qui ne m'empêchait pas de retomber en dépression et qui m'inhibait complètement.

J'avais perdu toute sensibilité et intuition. Ensuite, j'ai compris que le lithium correspond davantage aux bipolaires atteints de crises maniaques. En effet, il prévient davantage les épisodes maniaques que dépressifs. Il n'est pas forcément le plus approprié dans mon cas, car je ne souffre que d'épisodes hypomaniaques. Mais au moment du diagnostic, c'est celui qui était le plus compatible avec un désir de grossesse.

Le traitement allopathique n'est que la partie émergée du traitement. En effet, j'ai eu la chance de trouver un médecin qui ne s'est pas contenté de me prescrire des médicaments, mais qui m'a accompagnée dans une prise en charge globale. Une psychiatre qui m'a écoutée, a accordé une grande importance à ma personne. Il me semble essentiel d'avoir un interlocuteur qui considère la maladie dans sa globalité et avec lequel je puisse avoir une relation de confiance. En l'occurrence, elle a aussi estimé indispensable d'intégrer la famille dans mon processus de rétablissement. Elle s'est toujours intéressée à mon environnement familial. Elle a souhaité rencontrer mon mari pour l'informer de la maladie, le rassurer et lui confier son rôle de « veilleur de signes avant-coureurs » afin qu'il puisse éventuellement la prévenir en cas de crise.

Une trêve allopathique

En dépit de toutes ses qualités, je n'ai pas toujours écouté ses mises en garde. « Si vous souhaitez une récupération rapide, posez cet arrêt maladie et reposez-vous. » Ces arrêts qui ne me semblaient pas forcément nécessaires. Et je n'ai pas toujours entendu et compris ses recommandations. « Un jour, vous vous retrouverez hospitalisée. » Je n'avais pas la maturité nécessaire pour comprendre que je jouais avec ma santé et que le trouble bipolaire nécessitait parfois une hospitalisation.

Si parfois elle était « obligée » de me ramener à la réalité, elle m'a toujours suivie dans mes décisions. En janvier 2010, je lui annonce que cela fait trois semaines que je ne prends plus de lithium.

« J'ai arrêté le traitement parce que je n'en vois pas suffisamment les effets bénéfiques. Je ne supporte plus de ne plus me reconnaître. Je n'ai plus d'humeur et j'ai l'impression d'être en état d'électroencéphalogramme plat ! Trop de platitude ! Aussi parce que j'aimerais retrouver mon poids de forme en raison de ces quelques kilos superflus dont je n'arrive à me débarrasser. Sans compter quelques imperfections dermatologiques et problèmes de vigilance. Enfin, parce que j'estime que toutes les conditions environnementales (familiales, sociales…) sont réunies pour un rétablissement. »

À cette époque, j'ai effectivement le sentiment que je me rends chez ma psychiatre comme j'irai au salon de thé avec une amie ; je discute de ma vie, prends ma prescription et paie la note en sortant !

– Je ne peux aller contre votre décision. La loi Kouchner de 1995 le précise bien ; chaque patient dispose de lui-même, et je ne peux donc rien vous imposer. En revanche, cela va nécessiter une vigilance de tous les instants.

– Je sais que je vis avec une épée de Damoclès au-dessus de ma tête, mais j'en prends le pari !

Le pari sera de bien courte durée, puisque la rechute se produit neuf mois plus tard au moment de mon déménagement à Bruxelles. Le temps d'accoucher d'une réalité à laquelle je ne peux plus échapper. Mais j'en étais la seule responsable !

Un traitement adapté

Cette rechute m'a inéluctablement ramenée à une prise en charge avec une autre psychiatre, ma psychiatre actuelle. Elle me prescrit du Lambipol (Lamotrigine), un nouvel antiépileptique, comme régulateur d'humeur, et une thérapie cognitive et comportementale. Une prescription qui n'a guère évolué ces deux dernières années. C'est un traitement au long cours.

Je considère aujourd'hui avoir trouvé le bon traitement, au goût de cassis, en dépit de quelques problèmes dermatologiques disgracieux et d'un sommeil réduit. Les effets bénéfiques me font complètement oublier les effets secondaires mineurs. J'ai aussi la chance d'avoir un seul et unique traitement quand beaucoup de personnes bipolaires jonglent entre antidépresseur, anxiolytique, neuroleptique, thymorégulateur et/ou somnifère. Trouver le traitement adapté avec le moins d'effets secondaires peut parfois demander beaucoup de temps et d'ajustement.

L'arrêt du lithium était hasardeux, mais il n'a pas été vain. J'ai payé cher cette maudite crise, mais j'en suis sortie et me suis stabilisée grâce à un traitement plus adapté. Ce qui ne se serait peut-être pas produit si je n'avais pas arrêté le précédent. Aujourd'hui, avec cette nouvelle molécule, mon mari considère que mon trouble est quasiment indétectable comparé aux états antérieurs.

Enfin, j'ai bien conscience qu'une thérapie comportementale au quotidien est nécessaire pour évoluer et limiter les facteurs aggravant la maladie.

Avec un bon thérapeute et un bon traitement, il est déjà beaucoup plus facile d'accepter la maladie, d'anticiper d'éventuelles rechutes et de mener un processus de rétablissement. Je ressens parfois de légères oscillations. J'accepte ces périodes de mélancolie. Tout comme les phases d'agitation durant lesquelles j'ai du mal à me concentrer, à lire, à dormir, j'égare tout et mes pensées se bousculent. Ces périodes ne me sont plus agréables, j'en vois aujourd'hui davantage les aspects contrariants que le côté énergique. Et elles sont souvent suivies de périodes au ralenti où j'ai besoin de repos et dont je m'accommode en m'accordant un temps de retrait.

Je suis toujours « porteuse » de la maladie, mais aujourd'hui je considère avoir quasiment récupéré mes fonctions cognitives (mémoire, vigilance, attention, énergie) et faire partie des trente-trois pour cent de personnes bipolaires qui ont une vie « normale ».

À ce jour, je me suis rendue à cent vingt rendez-vous de psychiatres et j'ai dépensé plus de huit mille euros en consultation – sans compter les médicaments et autres examens. D'ailleurs, si le trouble bipolaire est reconnu comme une affection de longue durée, les soins ne sont que partiellement remboursés par la Sécurité sociale française ou belge.

Qu'importe, tous ces traitements m'ont été plus que nécessaires. Ils ont été vitaux et un gage d'avenir.

Un suivi médical musclé

Marie

D'abord un, puis deux, puis trois régulateurs d'humeur

« Maman, tu mets toujours la faute sur le compte des médicaments ! » me dit un jour ma fille, intraitable, en pointant mes rondeurs.

Et voilà qu'elle s'y met elle aussi ! Oui, j'ai pris des kilos… Mes kilos en trop, ce sont les stigmates de ma maladie. J'ai beau vouloir tout gommer, il me reste quelques cicatrices. Qu'en serait-il donc des petites remarques s'il y en avait d'autres encore ? Il faudrait que je fasse plus de sport, que je mange moins… mais, surtout, que je ne sois pas bipolaire. Cela fait beaucoup de vies rêvées. Me rappeler mes kilos en trop – et il y en a pour le faire – c'est immanquablement me ramener à la fatalité de ma maladie.

Abilify, Téralithe, Depakote sont mes trois régulateurs d'humeur. Au fur et à mesure, je suis passée d'un à deux, puis à trois. À quand davantage ? Trois régulateurs d'humeur, cela fait trois pages d'effets secondaires « indésirables » comme on dit. Oui, c'est vrai, ils ne sont pas tellement désirés ceux-là. Dans chacune des trois notices, je retrouve

« prise de poids ». Est-ce que j'ai trois fois plus de chances de prendre du poids ou bien est-ce que je risque de prendre trois fois plus de poids ? J'aurais rêvé de demander un sketch à Raymond Devos là-dessus. Sur la notice de Depakote, il y a comme effet secondaire possible « trouble de la conscience ». Je croyais être soignée précisément pour une affaire de trouble de la conscience, et voilà que mon médicament me renvoie à un trouble de la conscience. Je retourne alors au point de départ ? Ou bien l'aventure continue ?

Mes médicaments et moi, c'est l'histoire d'une obsession. Tous les jours, ils sont là pour me rappeler qu'il m'est impossible de me passer d'eux. C'est de l'artillerie lourde, du grand art de la chimie moderne, comment ne peuvent-ils pas me détruire, à mesure qu'ils me soignent ? Le lithium abîme les reins, par exemple. À quand la dialyse, moi qui m'ingurgite la petite molécule depuis quinze ans déjà ? Elle est bien loin, l'homéopathie de mes fantasmes...

Prise de poids, mais aussi problèmes de mémoire, d'attention. Je me bats tous les jours avec mon cerveau. Je l'entraîne, je le contrains, je le dompte. Je lutte contre ce couvercle qui voudrait m'endormir les neurones. Je bois des litres de café, tant pis si ce n'est pas bon pour la santé, il faut que je me réveille, que je pense, que j'ai des idées, des émotions, des réflexions. Il faut que je sois plus forte que les effets indésirables. Pour mon travail, pour moi.

Les médicaments sont un enfer pour moi, mais, à un moment, il faut être pragmatique : entre « prise de poids » et « hôpital », je préfère encore « prise de poids », entre « problèmes de mémoire » et « tentative de suicide », je préfère encore « problèmes de mémoire », entre « troubles de la conscience » et « folie pure », j'ai choisi « troubles de la conscience ». J'ai pris le parti des médicaments.

J'ai pris le parti des médicaments, parce que j'ai une conscience aiguë de ce que je risque. J'ai testé déjà. Je les ai arrêtés une fois : je voulais un petit troisième. Un bébé de plus. Pour mes précédents enfants, je n'avais pas de problèmes de compatibilité avec les médicaments, car je n'avais pas encore été diagnostiquée ; j'étais donc sans médicament. Mais une grossesse n'est pas compatible avec mon Téralithe – c'est du moins ce qui se disait à l'époque – alors pour ce petit troisième, mon médecin m'a proposé un substitut (Tegretol). Mais le substitut comportait lui aussi des risques de malformation pour le fœtus, j'avais déjà connu une fois ! J'ai refusé de le prendre. Mon médecin m'a proposé alors de tout arrêter avant même d'être enceinte en me disant que la montée des hormones de grossesse compenserait. C'était bienveillant, mais pas très bien informé. C'est comme si on m'avait demandé de rouler sur une autoroute avec une voiture en carton. J'ai foncé dans le mur. Hôpital ! J'ai alors expliqué l'histoire à mon gynécologue qui m'a dit : « Mes patientes bipolaires conçoivent toutes sous Téralithe et n'arrêtent qu'en cours de grossesse. » Je tenais peut-être là la solution, mais le bébé a fini dans les limbes.

Mes médicaments m'ont vraiment rendu la vie impossible. Lorsque j'habitais en Belgique, j'avais gardé mon médecin en France, à qui je rendais visite tous les six mois. Mes prescriptions étaient en français sous une dénomination française différente de la belge. Les pharmacies locales, pourtant francophones, ne pouvaient donc pas me délivrer mes médicaments. Je faisais mes réserves lorsque j'allais à Paris, mais, parfois, je tombais en panne. Il fallait donc que je me déplace jusqu'à une ville frontalière pour obtenir mon traitement « français ». En pharmacologie, l'Europe n'existe pas !

Et puis je suis allée une ou deux fois à l'autre bout du monde. Neuf heures de décalage horaire pour San Francisco : je fais quoi pour mes prises ? J'attrape le soleil en plein vol pour assurer ma prise du matin ?

Je suis lassée de ces complications et de tout ce qui va avec. Alors je presse mon médecin pour qu'il baisse mes doses : je pleure, j'implore... Parfois, il est obligé de me ramener au bon sens : « Les médicaments sont là pour vous guérir, Madame ! »

Le médecin du corps, le médecin de l'âme

J'ai le médecin de l'âme, j'ai le médecin du corps. Quand je vais voir le médecin de l'âme – mon psychanalyste –, nous parlons d'une partie de moi. Quand je vais voir le médecin du corps – mon psychiatre –, nous parlons d'une autre partie de moi et j'en ressors avec des pilules à ingurgiter tous les jours. J'ai confiance en chacun d'eux, mais j'avoue être un peu éberluée d'être ainsi écartelée entre deux pratiques médicales si différentes. Ne suis-je pas la même personne ? La maladie ne se comprend-elle pas dans son ensemble ? Pourquoi me sectionner ainsi ? Pourquoi les praticiens ne communiquent-ils pas sur leurs patients ?

En quinze ans de psychanalyse freudienne, mon analyste n'a pas prononcé une fois le mot « bipolaire » ! Jamais, me voyant parfois dans des états proches de l'hystérie, il ne me donna de pistes pour comprendre et soigner ma pathologie autrement qu'en m'allongeant sur un divan. Psychiatre de formation, il avait pourtant tous les éléments en main, mais le dogme freudien lui dictait une foi absolue dans la thérapie de la parole.

J'ai compris bien des choses sur moi grâce à mon psychanalyste, mais je ne lui ai jamais raconté ce que je viens d'écrire là sur mes crises maniaques. Je n'ai jamais exploré cette « matière » avec lui, parce que, en bon analyste, il ne me posait jamais de question. J'aurais eu besoin que l'on m'accompagne dans mon discours, comme un enfant qui fait ses premiers pas, mais me jeter seule dans l'océan m'était trop pénible. Je gardais donc le silence sur mes pérégrinations mentales face à la personne théoriquement la plus apte à les décoder. Au final, asséchée de mes sujets habituels et ne pouvant aborder l'essentiel, je finis par arrêter ma psychanalyse alors que, bien entendu, « elle n'avait pas touché à son terme » !

De même que mon psychanalyste aura omis de me conseiller de consulter un psychiatre, mon psychiatre me déconseilla de faire une psychanalyse ! Guerre des médecines ? Il faut reconnaître que si je pouvais en effet me passer de faire une analyse, il m'était impossible de passer outre un « prescripteur » de médicaments. Mon psychiatre a eu un rôle important dans mon rétablissement. Je lui suis reconnaissante d'avoir établi mon diagnostic et de m'avoir orientée vers de bons services psychiatriques, comme ceux de l'austère

Pitié-Salpêtrière. Dans mon malheur, j'avais de la chance. Reconnaissante qu'il ait interrompu le dîner qu'il donnait chez lui un soir pour me recevoir en urgence et qu'il m'ait pardonné d'avoir deux heures durant déversé ma colère dans son cabinet, alors que ses invités étaient un peu plus loin dans la salle à manger. Je lui suis reconnaissante, enfin, de m'avoir encouragée à passer mon entretien de sélection de troisième cycle universitaire, pour lequel j'avais postulé en phase de reconversion professionnelle, même si, entre-temps, j'avais fait une crise et m'étais retrouvée au fin fond de l'hôpital. Il m'avait encouragée alors que je croyais que tout était perdu.

Ma volonté, mon alliée

Cet épisode de mon admission dans ce troisième cycle a été quelque chose d'incroyable. Un tour de force, véritable tour de passe-passe dont l'improbable réussite a certainement été motivée par la rage. Dans le passé, j'avais déjà été plaquée au sol par mes hospitalisations, empêchant ainsi un possible DEA à Sciences-Po, ou le DESS de Villetaneuse. Et en cette période, une sorte de fatalité me retombait dessus, alors que je voulais intégrer un cursus universitaire sélectif. J'avais un dossier costaud que j'avais établi à un moment où j'étais en bonne santé, il avait été sélectionné et j'étais convoquée à l'entretien oral, mais, une fois de plus, je me retrouvais à l'hôpital. Par chance, je suis dans la dernière phase de cette hospitalisation, celle du lent rétablissement. Je veux aller à cet entretien ; mon médecin m'encourage et me donne le feu vert. Ok pour la prescription d'une après-midi de sortie. Tu réussiras, me répète mon mari, m'encourageant aussi.

Et tout s'est mis en branle. Guillaume m'apporte des livres pour « réviser », même si je ne peux que les survoler, mes « amis » d'hôpital me laissent « travailler ». Le jour J, les infirmières donnent leur avis sur la tenue vestimentaire, et je fais en sorte de camoufler mon teint blafard sous un maquillage léger. C'est l'effervescence au pavillon Quentin ! Un véritable état de grâce... Je me sens entourée. Mon mari est venu me chercher en voiture, et je me souviens du docteur M. m'encourageant de son sourire. Arrivée au lieu de l'entretien, je dois transporter avec moi quelque chose de trop grave pour que l'on songe à me cuisiner. Par chance, l'un des membres du jury, philosophe de formation, m'interroge sur un terrain que je maîtrise, malgré le brouillard de la maladie. Toujours est-il que je suis prise alors que tout était en place pour que cela ne marche pas. Il y a des moments où l'on peut croire en sa bonne étoile... et en sa volonté. C'était une étape importante dans ma remise en confiance, tant et si bien que deux mois après j'étais sur pied pour des journées de cours bien remplies, du travail le soir, et les enfants à gérer. Régulièrement, mon psychiatre s'amuse à me rappeler à quel point il m'avait encouragée. Il a raison. À lui aussi cette admission a fait plaisir.

L'amour, plus fort que tout

Hélène

« Seul, on ne s'entend plus vivre... »

Jacqueline DUPUY,
Le Sabre d'Arlequin

L'homme qui a flashé sur ma rose rouge

En plein cœur de l'été et au paroxysme de l'épisode hypomaniaque qui suit mon diagnostic se manifeste un homme. Un de plus. Un homme dont les premiers mots à mon égard seront « tu n'es pas compliquée toi comme fille » quand il m'entend commander un décaféiné allongé à un comptoir de café. Un homme qui a flashé sur ma robe rouge. Un homme insistant et pressant malgré sa timidité.

Pourtant, je ne suis pas pressée de rencontrer quelqu'un. Je n'ai aucune envie de m'exposer. Ni moi, ni mon trouble bipolaire. Qu'on me foute la paix !

Je ne résisterai pas longtemps à ce bel homme charmant qui n'en démord pas et qui est prêt à tout.

« Alors, si tu me veux, tu prends le package, soit moi avec mon trouble bipolaire ! » lui dis-je. « Je prends tout ! » me répond-il. Voilà comment le pacte a été scellé, et il n'a pu ainsi y avoir erreur sur la marchandise. Une condition *sine qua non* qui ne l'a pas refroidi. À une condition : que je fasse table rase des souvenirs des aventures du passé.

La période d'euphorie a rapidement laissé place à la dépression. Qu'à cela ne tienne, il en faut davantage pour désarmer un homme éperdument amoureux. Amoureux de mon humanité, de mon caractère imprévisible, de mon organisation « à l'anglaise » et de mes accès de franchise… Certainement moins amoureux de mes coups de gueule, colères, emportements et débordements ou de ma volonté de tout régenter, de mon agenda surchargé et d'un emploi du temps optimisé et quasi militaire ! Il encaisse mes exigences et mes pressions permanentes. Même si cela l'agace, voire l'insupporte, il ne m'en tient pas rigueur. J'ai la chance d'avoir rencontré un homme sensible et compréhensif, qui ne se laisse pas atteindre par mes excès. Il connaît mon humeur rien qu'au son de ma voix ou d'un regard. Lorsqu'il est à l'autre bout du monde, quelques mots au téléphone lui suffisent pour capter mon état du moment.

De mon côté, si ses absences répétitives me lassent, elles me semblent nécessaires pour vivre à mon rythme et ne pas lui imposer toutes mes oscillations (ce qui explique certainement mon long célibat ou toutes mes relations « TGV »). Parfois, désarmé, impuissant, il me réconforte en me prenant dans ses bras ou en me disant « va te coucher, tu es fatiguée ». Ou bien « arrête de t'exciter, je n'ai pas l'énergie pour te suivre, j'ai envie et besoin de rester cool ». Que pourrait-il dire ou faire de plus ? Je ne suis pas plus ou mieux parée que lui pour faire face à la situation. Il faut attendre que le nuage passe ou que la pression retombe. Tout cela n'est que passager, mais son amour est plus fort que tout.

Effectivement, ce coup de cœur, malgré mes humeurs, se construit rapidement avec l'achat d'une maison quelques semaines plus tard (financée par un prêt commun qui pour ma quote-part ne sera pas assuré, l'assureur ne souhaitant pas couvrir mon état de santé considéré à risque). Puis s'épanouit avec un mariage et se fortifie avec l'arrivée d'un premier enfant puis d'un second, en plus de l'enfant dont j'ai hérité du premier mariage de mon mari. Tout cela en moins de trois ans... nous aurions difficilement pu aller plus vite ! Les décisions rapides, cela me connaît. Mais là, nous étions deux à agir hâtivement.

Cette vie de famille rondement menée me semble naturelle, mais l'est beaucoup moins pour mes amis. Ils sont surpris de voir ma vie de célibataire évoluer aussi rapidement, moi qui leur répétais que je n'aurai pas d'enfant. Effectivement, je ne voyais pas comment, dans une vie aussi frénétique et individuelle, avoir le temps et la patience de m'occuper d'un enfant. Mais les temps changent, tout comme mes humeurs et pensées.

Pendant toutes ces années, mon mari est un compagnon de route fiable et fidèle qui ne s'est jamais dérobé. Au début de mon traitement au lithium, il était là et veillait à ce que je prenne bien mes médicaments. Pour les échographies cardiaques, il était là. Il était encore là lorsqu'il a fallu décider d'une ligature des trompes à la suite de mon second accouchement et de soucis gynécologiques. Il m'a soutenue face à tous les médecins qui ne souhaitaient pas prendre cette lourde responsabilité vu mon jeune âge. Mais une troisième grossesse n'aurait pas été envisageable.

Des enfants pleins de vie

En effet, les premières années de maternité n'ont pas été sans douleur. La mise au monde de deux garçons hypertoniques en l'espace de douze mois m'a éprouvée, d'autant que j'étais seule aux commandes du navire avec un mari souvent absent et à l'autre bout de l'Europe. Entre dépressions post-partum, dépressions saisonnières et épuisement maternel, j'ai eu du mal à savourer ces premières années que j'ai pourtant intégralement consacrées à mes chérubins. Et ce, malgré le lithium, les antidépresseurs et les anxiolytiques. C'est une période où je n'ai pas réussi à me dégager du temps pour prendre soin de moi.

Mes enfants pleins de vie m'ont demandé, et me demandent toujours, une sacrée énergie. J'avais du mal à accepter que mon rythme soit au diapason du leur. J'ai eu du mal à supporter leurs cris, leurs pleurs, leurs demandes et besoins incessants. Gérer les deux enfants simultanément était un travail sans relâche. Mon fils aîné, au caractère déjà affirmé, parfois entêté, au sommeil réduit, réussissait à me faire sortir de mes gonds. Des cris et des gestes brusques qu'il reproduit parfaitement aujourd'hui à travers son tempérament guerrier. Tout feu tout flamme, il est cependant un garçon tendre et sensible. Quant à mon second, il a tenté toutes les solutions pour ne pas se séparer de moi ; un an pour faire ses nuits, dix-neuf mois pour faire ses premiers pas et de nombreuses crises de larmes lorsque je quitte la crèche ou l'école. C'était du vingt-quatre heures sur vingt-quatre et du sept jours sur sept ! En échange du temps et des soins prodigués, il était un enfant câlin et est toujours aussi attachant et affectueux.

À tous les trois, avec mon beau-fils, ils faisaient et font encore une belle équipe pour mettre quotidiennement mes nerfs à rude épreuve. Dans la joie et la bonne humeur ! C'est la franche rigolade ! Aujourd'hui, je m'en amuse et l'apprécie franchement. Je bénis tous les jours le ciel d'avoir de beaux enfants en pleine santé, si heureux de vivre et qui me divertissent. En revanche, quand j'essaie de leur faire prendre conscience que par moments je suis en forme et qu'à d'autres je suis fatiguée, ils ne comprennent pas.

« Vous savez, votre maman est malade, elle a besoin de calme et de repos. » « Mais non, tu n'es pas malade, ça ne se voit pas et tu n'es pas au lit », me disent-ils du haut de leurs six et sept pommes. Et encore très récemment, quand je dis à mon aîné que je prends des médicaments pour réguler mon humeur « pour ne pas avoir trop d'énergie et pour ne pas être trop fatiguée d'avoir été trop énergique », il me répond : « C'est bête, l'énergie c'est bien, donc pourquoi prendre des médicaments pour enlever l'énergie ? » Je n'ai jamais prononcé le mot « bipolaire », mais de toute manière qu'en comprendraient-ils ? Et dans leur désinvolture, cela les arrange bien de ne pas comprendre. Finalement, ils ont une vision d'une maman en forme, et je m'en réjouis. Je me rassure en me disant qu'ils m'acceptent comme je suis et qu'ils n'en souffrent pas. S'ils ont forcément vécu mes oscillations d'humeur, je n'en reste pas moins leur référent, et mes humeurs changeantes font partie de leur réalité. Ils s'y sont naturellement habitués n'ayant pas d'autres références comparables. Comme ils sont encore trop jeunes pour être dans le déni (enfin, je l'espère), j'en déduis donc qu'aujourd'hui « ma normalité » passe-partout est un signe de rétablissement.

Culpabilité ou déni familial ?

Je pense qu'il est plus facile pour des enfants d'accepter un parent malade (même s'il n'est pas forcément facile de vivre avec) que pour des parents d'accepter leur enfant malade. En ce qui me concerne, vis-à-vis de mes enfants, l'idée qu'ils puissent hériter de cette pathologie m'est douloureuse. Vis-à-vis de mes parents, le sujet a toujours été tabou. Ma famille s'est habituée à mes euphories et déceptions passagères, mes emballements sur des projets abandonnés en cours de route ou qui n'aboutissent à rien. Mes parents restent toujours prudents, voire dubitatifs, sur mes dires et mes actes. De tout ce qu'ils ont pu en penser je ne leur tiens pas rigueur et leur pardonne tout jugement !

Ma mère a réellement pris au sérieux ma maladie quand elle a vécu en direct ma dernière dépression. Jusque-là, dans une famille où il faut cacher ses maux en tout genre, je m'écoutais trop ! Lorsque ma psychiatre vint me voir à la maternité, pour mon premier accouchement, une rose rouge de son jardin à la main, mes parents disposent et attendent dans le couloir. Lorsqu'ils regagnent la chambre, c'est motus et bouche cousue. Comme si j'accordais trop de place à quelques variations d'humeur et que je m'étais laissée emberlificoter par un médecin gourou me laissant croire que mon cas relevait de la psychiatrie. Et bien non, je ne m'écoutais pas trop. J'aurais même dû m'écouter encore davantage, j'aurais ainsi gagné du temps. Mon cas relève bien de la psychiatrie, n'en déplaise à mes parents ou frères et sœur. Cela ne sert à rien de le nier ou de culpabiliser, ils n'en sont en aucun cas responsables, et je m'en débrouille !

Avec le temps, ma famille a dû se faire à cette évidence. Quoique. Quand je dis à mon père que j'écris un récit de vie sur le trouble bipolaire, il me répond : « Ah, le trouble bipolaire, je ne sais pas ce que c'est. » Qu'importe, vous savez, les services psychiatriques sont remplis de gens comme moi... ils ne sont ni fous ni même des monstres ! Surtout quand on sait que, statistiquement, une personne sur quatre rencontre au moins une fois au cours de sa vie un problème de santé mentale.

Mes amis s'étonnent encore

Il nous incombe de nous soigner, mais cela est toujours plus facile quand on est bien entouré. Avec le temps, j'ai appris à bien m'entourer !

Parmi mes amis, personne n'a rien vu. Excepté Jan. Pendant huit années d'amitié, je me rendais fréquemment à son chevet, il se battait contre son cancer, nous étions confidents l'un de l'autre. Dans mes périodes « en forme », je l'encourageais dans son combat. Dans mes périodes plus sombres, il était mon rayon de soleil, un modèle de patience et de sagesse. Nous avons été témoins l'un de l'autre à travers les sourires et les larmes.

Mes autres amis intimes, que ce soit Clara, Sofia, Véra, Steffy, Réjane, J.-C., Sylvia ou Marie, ne me voyaient pas aussi régulièrement. Ils se souviennent de mon tempérament énergique ou de quelques coups de blues – mais comme tout le monde peut en connaître, puisque tout le monde est bipolaire !

Certains s'étonnent encore du diagnostic et ont du mal à réaliser qu'il s'agit d'un traitement à vie. Lors de ma dernière crise, quand j'exprime à une amie que je suis malade, elle me répond : « Mais non, tu as juste eu une mauvaise passe, ce qui est tout à fait normal quand on vient de déménager. » Je comprends que cela puisse passer inaperçu. J'ai moi-même ignoré mon trouble bipolaire pendant longtemps.

Néanmoins, pendant toutes ces années, mon comportement exigeant, extrémiste et sans détour en a certainement chagriné plus d'un, et je regrette vraiment d'avoir été blessante sans le vouloir. À l'inverse, à chaque relation qui s'effrite, je souffre profondément et ne comprends pas comment des amitiés avec de riches moments de partage peuvent s'interrompre soudainement. Avec mon caractère entier, confiant et bienveillant, je suis souvent déçue et attristée. Mais je ne sais partager des moments d'amitié à moitié. Si, au fil du temps, je m'aperçois parfois que je ne peux espérer plus que ce que les gens ont à m'offrir, je ne peux pas brider mon tempérament affectif.

Mais si j'ai perdu quelques amis en cours de route, je me félicite de ceux, si fidèles, qui m'ont accompagnée sans condition ni jugement. J'ai de la chance. Beaucoup d'amis bipolaires autour de moi n'ont pas cette chance. Beaucoup vivent en marge de la société et sont en rupture familiale. Pour autant, nous ne sommes pas pires ou plus fous que certains. « La seule différence entre un fou et moi, c'est que moi je ne suis pas fou », disait Dali.

Un groupe d'entraide et d'écoute

Néanmoins, lorsque je suis entrée en contact avec une association d'entraide pour personnes affectées d'un trouble bipolaire lors de ma dernière dépression, avec mon regard négatif et mes yeux larmoyants, j'ai pris peur. Peur de me retrouver comme ces personnes. « Une patientèle. » Pour la plupart en arrêt de travail ou en invalidité pour pouvoir faire acte de présence en pleine journée à ce groupe de parole animé par un psychologue. Autour de la table ronde, dans la salle beige un brin vétuste, desservie par un escalier raide et sombre, j'écoute les humeurs des uns et des autres. J'observe des tremblements, des troubles de la mémoire, une nervosité ou un manque d'attention chez les uns ou les autres. J'entends une fatigue, une lassitude. J'écoute leurs combats, leurs espoirs, leurs victoires, leurs renoncements, leur vie quotidienne. J'entrevois une certaine maturité face à la maladie.

Quand vient mon tour, je leur raconte mon histoire en sanglotant. Je vois leur attention, leur empathie et leur bienveillance. « Rassure-toi nous sommes tous passés par là. » J'entends, mais cela ne me rassure pas. Je suis fatiguée, lasse et je n'ai plus envie. Fatiguée, pour ne pas dire épuisée par ces hauts et ces bas. Lasse pour ne pas dire désespérée par ces changements d'humeur répétitifs. Je n'ai plus envie de vivre pour affronter cela périodiquement. Chacun y va alors de son sourire, de son optimisme et de sa solidarité pour me réconforter. Ainsi, ils m'ont entourée et ont fait partie de ceux qui m'ont aidée à me reconstruire. Il fait bon être sur la même longueur d'onde et d'échanger des expériences de vie avec d'autres patients. Ils sont informaticien, étudiant, mère au foyer, infirmier, commercial, assistant social, DRH, employé communal ou secrétaire… en activité – souvent réduite –, en arrêt ou en invalidité. Qu'importe, au-delà de leurs compétences professionnelles, ils sont en tout cas experts de leur maladie. Grâce à eux, j'ai arrêté d'avoir peur, je me suis rendu à l'évidence que le processus de rétablissement passe par l'acceptation de la maladie et qu'elle peut être mieux vécue ainsi.

Aujourd'hui, à mon tour de les remercier en facilitant un autre groupe de parole et en accueillant d'autres compères. Des moments d'écoute et de partages précieux. On y discute de nos joies, de nos peines. On y confie nos forces, nos talents créatifs, artistiques, intellectuels ou inventifs. On y confie aussi nos faiblesses et comorbidités, parfois entre deux éclats de rire. Nos absences, trous de mémoire, fatigue, addictions à l'alcool, à la drogue, à la nourriture, aux jeux, aux réseaux sociaux, à Internet. Tout cela vécu au quotidien ou sur fond de crise en évoquant les événements déclencheurs tels qu'un deuil, une séparation, la drogue, le viol, l'inceste, la maltraitance ou un manque affectif. Malgré cela, chacun a cette capacité à se remettre sans cesse en question pour essayer de trouver les meilleurs ingrédients pour cuisiner au mieux sa vie quotidienne. Pour qu'elle soit savoureuse et digeste. Saupoudrée de quelques molécules, c'est une savante alchimie !

J'ai eu – ou provoqué – cette chance de trouver tout au long de mon chemin des parents, des amis, des collaborateurs qui m'ont fait confiance et je les en remercie. En effet, qu'y a-t-il de plus beau que de permettre à quelqu'un d'être lui-même parce qu'il se sait écouté ?

Tous ceux qui m'ont aidée un jour ont ajouté à mon capital-vie

Marie

Guillaume aurait pu partir mille fois. Ça aurait été l'histoire d'un homme normal pour une histoire qui ne l'est pas. J'aurais compris qu'il en soit autrement, mais Guillaume est resté. Il y a sans doute mille raisons à cela, des plus petites aux plus grandes. Guillaume a une âme de capitaine, il tient à son bateau. Même contre le vent, Guillaume veut avancer.

Il avait son histoire, il avait ses souffrances. À dix-sept ans, un grave accident de montagne a failli l'handicaper à vie. À vingt-trois, sa mère se suicide. Voilà qu'en plus Guillaume épouse une femme qui se révélera bipolaire.

Quand je vois son visage juvénile la cinquantaine passée malgré les épreuves qu'il a traversées, je me dis que Guillaume a un don pour évacuer la souffrance. Comme en apnée, comme en montagne – deux de ses passions –, il sait développer des techniques pour s'éloigner de l'attraction terrestre lorsque celle-ci devient trop douloureuse. C'est incontestablement une force immense. En tout cas, c'est la sienne.

Guillaume est resté… à une condition totalement implicite : que je redevienne vite normale après la tempête de mes crises maniaques. En d'autres mots, il ne prenait guère en compte mon état dépressif. Il mettait la barre haut. Même au plus profond de mes dépressions, il fallait que je sois debout le matin, que je ne dorme pas en journée, que je prépare les repas, veille sur les enfants, que je m'occupe d'une manière active, suive les excursions sportives auxquelles il m'emmenait parfois, en haute montagne par exemple, crampons aux pieds et encordée. J'ai dû faire un 4 000 mètres dans cet état ! Guillaume ne se rendait pas compte des efforts surhumains que ce rythme m'imposait dans ces moments-là. Parfois, c'était trop. J'aurais voulu me lover dans un coin des journées entières, pour ne pas voir le temps passer. J'aurais voulu m'autoriser à pleurer. J'aurais voulu me plaindre aussi. Dire stop ! Mais Guillaume avançait et ne regardait pas derrière. Il fallait que je suive. C'est peut-être à ce prix que j'ai pu récupérer raisonnablement vite. C'est du moins ce qu'il croyait.

Guillaume est resté… de même que je ne suis pas partie. J'aurais pu vouloir prendre le large, recommencer à zéro, être vierge de toute histoire, de tout jugement. J'aurais pu sentir le vent, écouter les mouettes, éviter le quotidien. Partir…

Guillaume est le premier maillon de la chaîne d'un entourage qui m'a été bénéfique et sans lequel, c'est sûr, je n'aurais pas la vie « normale » que j'ai aujourd'hui. En fait, il suffit de quelques personnes pour vous remettre d'aplomb. Il y a, bien sûr, le confort matériel qui est votre premier pas vers le rétablissement, et le fait de pouvoir revenir chez soi, chez un oncle et une tante est précieux. Quand je suis allée « récupérer » chez mon oncle et ma tante lors de ma première dépression, j'ai trouvé la sécurité et la bienveillance dont j'avais besoin. Ma tante était gaie, mon oncle attentif. Je me souviens que celui-ci m'avait aidée à choisir les petites boucles d'oreilles que j'allais porter pour le premier jour de mon stage en entreprise. Cela m'avait amusée que l'austère oncle s'intéresse à de telles broutilles.

Mais, au-delà de l'accompagnement logistique et matériel, c'est le regard de l'autre qui est important. Vos vrais amis sont ceux qui vous regardent comme quelqu'un de normal, de vivant, de gai, d'ambitieux, de combatif. Vos vrais amis savent que vous luttez contre une maladie qui voudrait vous ronger, mais qu'à ce jour c'est vous la plus forte. Vos vrais amis savent que vous n'êtes pas devenue une petite chose malade, mais qu'au contraire vous pouvez soulever des montagnes. Vos vrais amis mesurent le combat, la volonté nécessaire. Les autres ne sont pas vos vrais amis.

Car s'intéresser à une personne malade, ce n'est pas la démunir de ses ambitions : au retour de ma première hospitalisation, un de mes frères me dit « tu devrais avoir un métier simple, secrétaire par exemple ». Je sortais de ma maîtrise de philo, je venais de m'enfiler des concepts pendant quatre ans, j'étais plutôt du genre intello, et mon frère me conseille d'avoir un métier « simple ». C'était mettre à néant mes années d'études, mon ambition, mon être entier. Voilà comment vous pouvez avoir une idée du changement du regard de l'autre. Sans doute le propos de mon frère se voulait-il rassérénant. Sans doute voulait-il ainsi me protéger d'un monde qu'il jugeait trop dur pour moi, en me conseillant une vie toute simple, toute normale. Certes, c'était la normalité que je recherchais, mais pas celle d'une vie qui ne me correspondait pas. Sans doute n'avait-il pas conscience alors à quel point je luttais pour que la maladie n'entrave en rien la voie que je m'étais tracée. Et que pour cela, il faut autour de vous des personnes qui vous y encouragent.

Anne, Blandine, Alix et les autres, m'ont été précieuses au-delà de tout. Avec Anne, nous avions en commun, au-delà d'une amitié « multidécennale », une affection partagée pour sa sœur atteinte d'un trouble unipolaire, qui décéda jeune dans un incendie. Et il est évident qu'Anne me voyait parfois à la lumière de sa sœur, ou bien qu'elle voyait sa sœur à la lumière de ce que j'étais, dotée il est vrai, d'un peu plus de chance. Je me souviendrai des visites « surprises » d'Anne à l'hôpital, alors que je me demandais comment j'allais passer les après-midi mornes qui m'attendaient. Peut-être ne se rendait-elle pas compte à quel point elle m'apportait un bonheur formidable.

De son expérience de vie tragique, Blandine, dont la mère (qui était donc également celle de Guillaume) mit violemment fin à ses jours, développa une fabuleuse écoute de tout ce que le genre humain pouvait lui apporter de témoignages et de gages de vitalité. Pour mieux comprendre son histoire sans doute, et donner en retour aux autres. Elle aurait pu fermer les écoutilles, se raidir et porter la croix de son malheur, elle s'est ouverte comme une fleur des champs. Blandine a vu certaines de mes crises maniaques de près, a récupéré mes enfants lors de l'une d'elles, les a calmés, consolés, leur a expliqué je ne sais quoi, et m'a entendue dire des inepties sur son frère quand je le croyais « nocif ». Blandine n'a pas lâché le lien de l'amitié. La vie ne lui fait pas peur. Mieux, nous reparlons avec Blandine comme nous parlions avant, en partageant les mêmes petites choses de la vie, les mêmes rires, les mêmes choses graves aussi parfois.

Comme Blandine, Alix n'a pas peur des réalités de ce monde. Alix écoute, cherche à comprendre. Elle prend à bras-le-corps ce qu'on lui confie, tant pis si c'est dérangeant. Elle est de ces personnes qui ont une perception psychologique du monde évoluée.

Mais au-delà d'Anne, de Blandine, d'Alix ou des autres, tous ceux qui m'ont entourée un jour ou l'autre, à l'hôpital ou après, tous ont ajouté à mon capital-vie. Et j'ai une gratitude immense pour ceux-là qui m'ont aidée, parfois même sans le savoir. Avec leur vie normale, parfois même « comme il faut », ils ont osé côtoyer la différence, le compliqué, le mystère. Je les ai en souvenir : une conversation, un geste. J'ai même un ami qui est venu me voir, et puis même mon beau-frère ! Des hommes dans les services psychiatriques, c'est rare. Il ne faut pas croire que la folie anéantisse le souvenir. Au contraire, elle le rend plus aigu, plus prégnant. Je suis une boîte à souvenirs.

D'une autre manière, mes enfants ont ajouté à mon capital-vie. S'occuper d'eux, faire une soupe le soir, un dîner, des allers-retours à l'école m'ont raccrochée à la vie réelle. Les voir grandir normalement, sans embûche majeure, a été mon cadeau le plus précieux. Mais comment aurais-je pu leur demander du réconfort ? Je ne savais que trop bien ce que je leur avais infligé et la part de souffrance qu'ils portaient sur le dos. C'était déjà beaucoup pour eux d'assumer sans rien dire, de vivre normalement, de ne pas me faire payer mes absences en retour. Mais comme j'étais culpabilisée, je les ai incités à ignorer mon trouble à travers tous mes actes et tous mes gestes, à ne pas s'occuper de moi. Ils ont pris à la lettre les messages que je leur envoyais et le sujet de la maladie n'existe pas à la maison. Il semblerait que Chloé ait tout oublié aujourd'hui... L'autre jour, elle s'étonna de mes sept séjours à l'hôpital alors qu'elle ne s'en remémorait que deux ! Où part donc la mémoire de la souffrance ?

Et puis, il y a ma mère, mon incroyable mère. Nous avons tellement peu échangé autour de mon état de santé que je crois même avoir omis de lui annoncer mon diagnostic. Elle a dû savoir par mon père. Mais j'attendais de temps en temps de sa part un petit « comment va ta santé ? ». C'était en vain... Pudeur ? Indifférence ? Sujet tabou ? Sûrement un peu des trois. Dans ma famille, on ne parle pas de soi : comme dans bien d'autres familles, on cultive la jolie « pudeur », celle qui cache bien souvent une inaptitude à la remise en question. Je ne sais pas si je peux pardonner à ma mère un tel manque, une telle incapacité à appréhender les choses de la vie. Dieu seul peut ce que l'homme ne peut pas...

D'une course au travail à la reconversion

Hélène

> « Choisir, c'est renoncer. Qu'il est difficile et terrifiant de renoncer. »
>
> Dominique LÉVY-CHÉDEVILLE, *L'Homme aux passions tristes*

Passionnée par mon métier de commerciale, je n'ai jamais compté les heures accordées à mon métier. Mon ambition et mon investissement émotionnel étaient sans limite au risque de m'épuiser. Mais mes états d'âme l'ont emporté sur la réussite sociale. Mes résultats commerciaux et mes relations avec mes collègues ont forcément dû être influencés par mes hauts et mes bas. Lorsque, à trente et un ans, je suis contrainte à deux arrêts maladie en l'espace de douze mois, cela n'a pas été sans conséquence sur mon activité. Mener à bien une activité commerciale nécessite de nombreuses heures de travail et une grande résistance au stress à laquelle je ne souhaite plus me soumettre.

Pour préserver ma santé, je ne souhaitais plus, en plus de ma charge de famille, affronter la pression quotidienne des objectifs commerciaux et parcourir des centaines de kilomètres pour enchaîner des rendez-vous. Et puis, si je voyageais facilement et de manière impromptue jusque-là, depuis cinq ans me déplacer est devenu stressant et me demande une préparation mentale. Indépendamment d'une vigilance à la conduite, qui avait fortement baissé et que je récupère depuis seulement quelques mois.

J'ai donc préféré renoncer à mon métier et me réorienter. Ma santé a plus de valeur que des résultats commerciaux. Je ne prendrai plus aucun risque au prix d'une carrière professionnelle et d'un salaire confortable. Les entorses se paient cher. Si la dernière crise dépressive s'est étendue sur six à neuf mois, ma convalescence a duré dix-huit mois. Dix-huit mois c'est long. De longs mois où je me suis dépréciée et demandée si je serais capable de retravailler un jour. Une incapacité cognitive et psychique tellement handicapante qu'aux plus mauvais jours j'ai pensé à déposer un dossier d'incapacité de travail partielle. Dossier que ma psychiatre aurait de toutes les façons refusé de remplir. Elle aurait eu raison. Mais, dans ces moments-là, je n'imaginais même plus que cette situation pouvait être réversible.

J'ai donc décidé de faire certifier mes aptitudes sportives et de me reconvertir dans l'encadrement sportif. Ainsi puis-je allier l'utile à l'agréable. Donner des cours de vélo dans l'eau, organiser des cours de marche nordique me permet de servir ma condition physique, mon sens de l'organisation et de la communication. Je peux aménager mes horaires tout en me dépensant, en équilibrant mon humeur, en étant proche de la nature et en créant du lien, ce qui m'est indispensable. Mener une activité indépendante à temps partiel me permet de m'ouvrir à d'autres nouveaux projets et m'évite de m'exposer à un employeur.

En effet, récemment, j'ai eu une discussion privilégiée avec mon ancien employeur. Employeur auquel j'ai « infligé » deux arrêts maladie, deux congés maternité et un congé parental en l'espace de six ans. Engager cette conversation a été d'autant plus facile que je ne travaille plus dans son entreprise. Aurait-il tenu le même discours si j'avais toujours été en poste dans sa société ? Je l'espère.

D'un point de vue socio-professionnel, mon ancien patron considère que le problème éventuel du trouble bipolaire au niveau sociétal ne relève pas d'un tabou, mais d'une méconnaissance de la maladie. Lui connaît la maladie. Il avait embauché un camarade de promotion bipolaire, exclu de leur groupe d'étudiants à cause de ses changements brutaux de comportements. Et il s'est avéré par la suite que nous n'étions pas moins de trois autres bipolaires ou « borderline » dans cette petite entreprise, soit 10 % de l'effectif ! Un hasard ? Juste une question de personnalité, de feeling pour ce patron sentimental.

En dépit de sa fibre affective, ce patron est clair. Le trouble bipolaire ne doit pas être affiché en entreprise. Il relève du secret médical et de la vie privée et n'a donc pas à être révélé au niveau professionnel. Cela fait partie des risques psycho-sociaux au même titre qu'une grossesse, une maladie ou un accident que l'entreprise doit pouvoir intégrer. L'entreprise, dans son rôle social, doit assurer un cadre au service de l'individu et de la société. Mais, particulièrement en temps de crise, une petite ou moyenne entreprise ne peut se permettre le luxe d'embaucher un bipolaire « affiché ». Trop risqué !

D'ailleurs, récemment, je suis restée très songeuse après avoir regardé un dossier sur le trouble bipolaire présenté au journal télévisé. Tout d'abord, le journaliste a présenté le trouble bipolaire comme une forme aggravée de la maniaco-dépression ! Puis, lors de ce dossier, la problématique du travail a été abordée avec l'intervention d'un responsable des ressources humaines d'une grande entreprise. Celui-ci préconisait que les personnes atteintes de troubles bipolaires se déclarent auprès de leur service des ressources humaines pour une meilleure surveillance et prise en charge pendant les horaires de travail. J'avoue que cela me laisse très perplexe. Beau « coup » de communication, ou bien cette entreprise souhaite-t-elle réellement intégrer des personnes avec un trouble qui peut se révéler handicapant ? J'aimerais croire à cette démarche responsable. À l'image d'une autre grande société d'assurance qui a récemment mis en ligne un reportage pour montrer les handicaps cachés de ses salariés atteints de maladies chroniques « qui ne se voient pas », comme le trouble bipolaire.

Dans une société méconnaissant le trouble bipolaire, il me semble plus sage de ne pas afficher sa particularité. D'ailleurs, tous ceux qui l'ont fait autour de moi se sont fait licencier tôt ou tard, voire, pour certains, sur-le-champ.

Et pourtant, je pense que le travail ou une activité non lucrative est salutaire pour retrouver un équilibre et « une normalité » sociale.

Un équilibre professionnel forgé à la force du poignet

Marie

Il va sans dire que, professionnellement, le trouble bipolaire est une maladie qui rend les choses compliquées. Le stress, notamment celui lié aux exigences d'une grande entreprise, est contre-indiqué. Aussi, j'ai eu un parcours chaotique.

Cela m'est arrivé une fois de « péter les plombs » en plein travail ! Évidemment, l'entourage était un peu ahuri, et, après dix ans de bons et loyaux services, on ne m'a pas licenciée, mais j'ai rechuté, j'ai fait des allers et retours hôpital-travail. Au bout d'un moment, on ne m'avait pas fait partir, mais mon image s'était abîmée, il fallait que je change.

Une autre fois, j'étais employée dans une boîte internet, filiale d'un grand groupe de télécommunications, qui était en train d'exploser, comme la plupart des boîtes Internet à cette époque-là. Je rassemblais mes forces comme je pouvais pour résister à l'odieuse méthode consistant à rendre la vie intenable aux salariés pour les amener à démissionner d'eux-mêmes et économiser ainsi les indemnités de licenciement. J'avais décidé de me battre et je résistais au système jusqu'à ce qu'on m'envoie une lettre de licenciement, ce qui me permit de négocier le chèque qui allait avec. Je traversais l'épreuve avec force et courage jusqu'à ce que, six mois après mon départ, je développe de forts symptômes de paranoïa qui me conduisirent à l'hôpital. Au retour, j'avais perdu, et le boulot, et la confiance en moi... De l'argent, il ne restait déjà plus grand-chose !

Lorsque j'étais à l'hôpital, mon entourage professionnel n'est pas venu me voir. J'y avais pourtant de bonnes amies. Mais l'entreprise et l'hôpital sont deux mondes incompatibles. L'image est trop importante dans le monde de l'entreprise. De plus, celle-ci fonctionne encore trop souvent selon des paradigmes binaires et parfois archaïques tels que forts-faibles, dominants-dominés et la maladie n'entre pas dans cette grille de lecture. Malgré tout, l'entreprise d'édition dans laquelle j'ai travaillé en tant que cadre pendant dix ans était assez évoluée, et j'ai pu constater que je n'étais pas dans un monde de brutes. Une amie m'avait même donné l'adresse de son psy. Lorsque je suis revenue de mes épisodes hospitaliers, je n'ai pas souvenir d'avoir été victime de remarque désagréable ou blessante. Mon entourage s'était montré plutôt bienveillant, bien qu'interrogatif sur ce qui m'était arrivé. Mais, dès le premier jour, il fallait d'emblée reprendre le rythme, comme si de rien n'était. Normal. Auraient-ils pu avoir une idée de l'enfer d'où je revenais ?

Aujourd'hui, je me suis construit le travail qu'il me faut. Cela a commencé en Belgique. Ayant suivi mon mari en expatriation, je me suis retrouvée, à trente-huit ans, dans un no man's land professionnel total, confrontée de surcroît à la difficulté de répondre à des offres d'emploi demandant le bilinguisme franco-néerlandais. J'avais certes la liberté de passer mon temps de café en café ou en exploration culturelle. Mais, je ne pouvais m'épanouir ainsi.

D'année en année d'incertitude, nous y sommes finalement restés huit ans avant de revenir il y a un an à Paris. Huit années pendant lesquelles il fallait œuvrer activement pour se refaire une vie. Paris, ma ville natale, était pourtant proche en Thalys, mais elle n'était plus celle de mon quotidien. En débarquant à Bruxelles, j'avais mille choses à faire, mille découvertes à venir, mais je voulais en plus un travail. Ce désir revêt à la fois pour moi quelque chose d'existentiel, une exigence de normalité et une nécessité intellectuelle. Le jour où ma maladie se concrétisera par une carte d'handicapée et que je serai dans l'incapacité physique de travailler, comme c'est le cas pour une bonne partie des personnes atteintes d'un trouble bipolaire, alors, on pourra sérieusement s'inquiéter pour moi.

Je me suis tout d'abord adressée à la filiale de mon entreprise d'édition d'origine et ai été employée pour une mission d'un an, mission qui s'est achevée par une crise maniaque et un séjour à l'hôpital.

Une fois remise, je ne me suis pas laissée démonter. J'ai alors créé une activité éditoriale en free lance que j'ai proposée à un éditeur parisien. Projet accepté. C'était un tour de force, à distance, et dans un secteur si difficile à pénétrer ! Ainsi, je travaillais à mon rythme et chez moi, et personne n'était au courant de ma bipolarité. Et puis un jour, j'ai réalisé que ce mode de travail était celui qui me convenait certainement le mieux, qu'intuitivement je m'étais aménagé une vie sur mesure. Qu'ainsi je n'aurai pas trop de stress. Qu'ayant la ressource pour être automotivée, et l'audace pour agir en électron libre, c'était – pour un temps tout au moins – une formule idéale pour moi. En plus, je pouvais suivre ainsi mon mari de retour à Paris sans que cela ne change en rien mes projets professionnels.

À la force du poignet, et un peu par le hasard des circonstances, je me suis forgé, depuis cinq ans, cet équilibre-là.

Le quotidien et ses petites victoires

Hélène

« Ce n'est pas à la partie attentive que nous devons faire attention, mais précisément à ce qu'il y a d'inattentif en nous. »

Samael Aun Weor,
Introduction à la Gnose

Une vie sous contrôle

Une personne atteinte de troubles bipolaires pourrait faire un bon personnage de cirque. Tour à tour, et parfois même simultanément, le clown qui rit, le clown qui pleure. Le lanceur de torches qui joue avec le feu. Le magicien capable de faire apparaître ou disparaître soudainement les choses les plus extraordinaires. Le contorsionniste capable de se mettre en boule pour s'éclipser et mieux réapparaître. Le dompteur maîtrisant ses tourments, phobies, addictions ou troubles obsessionnels compulsifs, alimentaires ou de l'attention. Le trapéziste qui se lance dans le vide pour enfin rebondir. Le funambule en équilibre au péril de sa vie. C'est un dur travail quotidien de participer à la vie du cirque. Pour environ vingt pour cent des personnes bipolaires, la performance se terminera en chute mortelle, communément appelée suicide ; pour les autres, il faut remettre sans cesse le cœur à l'ouvrage pour obtenir les applaudissements du public.

Oui, c'est un vrai travail quotidien. Quand bien même je peux me réjouir d'être bien entourée, je reste seule face à mon dérèglement de l'humeur. Personne d'autre que moi ne peut le gérer et le prendre en charge chaque jour.

Ma vie quotidienne peut sembler très banale. Tout un chacun pourrait se reconnaître en certains points, jusqu'à soulever le doute sur le diagnostic. Pourtant, l'accumulation de nombreux détails caractérise mon trouble de l'humeur et fait la différence avec la normalité de monsieur Tout-le-monde. Je suis normale, mais différente.

Je dois être attentive à mon hypersensibilité et à mes angoisses pour qu'elles n'engendrent pas des réactions démesurées. Je dois veiller à « ces petites choses » qui peuvent alimenter les symptômes de la maladie et avoir des conséquences. Pour cela, pour « supporter » le quotidien, je me suis créé de nombreux garde-fous, qui se sont peu à peu transformés en rituels. S'ils laissent peu de place au hasard, aujourd'hui ils ne sont plus véritablement une contrainte, car je les ai intégrés à mon mode de vie. S'il m'a fallu parfois longuement « endurer », j'ai depuis instauré des stratégies pour favoriser, encourager et embellir la vie quotidienne.

Cela commence par l'hygiène de vie. Une hygiène de vie qui s'est progressivement mais tout naturellement installée : alimentation, activité physique, luminosité, sommeil…

En termes d'alimentation, j'accorde un maximum de temps à la préparation de repas sains, équilibrés, colorés et variés, débordant de vitamines et d'oligoéléments. Ne pas avoir d'idée de menu pour le prochain repas familial est une vraie source de stress, alors j'essaie d'anticiper. Manger trop gras, trop sucré, trop salé ou manger du « carton-pâte » m'incommode et me met de mauvaise humeur. Tout écart involontaire, si je ne peux cuisiner à mon goût, lors de déplacements, par exemple, m'est fâcheux. Tout comme la consommation de café et d'alcool que je dois réserver aux jours de fête. Depuis des années, je me contente de succédané de café, de thé vert et d'eau plate pour ne pas attiser mes prédispositions à l'irritabilité et à la nervosité.

J'enrichis aussi sans cesse mon alimentation par des compléments alimentaires pour me supplémenter en magnésium, taurine, L-théanine, vitamines B, C, D... De nombreux alicaments pour compenser tous les micronutriments que je « crame » certainement plus rapidement avec mon stress oxydatif et mon agitation permanente. J'ai besoin de cette supplémentation pour mieux résister aux tensions, combattre la fatigue chronique ou réguler mes fluctuations hormonales.

Pourtant, derrière cette alimentation quasi irréprochable, ma consommation compulsive nocturne de chocolat à forte teneur en cacao ou, à défaut, de sucre en tout genre vient compromettre sérieusement ce « sans-faute » diurne. J'essaie tant bien que mal de trouver une stratégie quotidienne pour éviter de manger compulsivement chaque soir après le coucher des enfants l'équivalent d'un quatrième repas chocolaté que je stockerai toute la nuit. Ma psychiatre tente bien de me rassurer en m'affirmant que l'organe corporel qui consomme le plus de sucre est le cerveau et qu'il ne faut pas que je m'étonne de cette surconsommation. Cela ne me convainc pas franchement.

Cela ressemble davantage à une dépendance au chocolat. Une saveur comparable à une drogue. J'essaie de désengorger mon corps de ce poison sucré tout comme de mon produit chimique à la saveur cassis (mes 200 mg de Lampibol) avec un jus de citron pressé dans un peu d'eau tiède et des cures de détox. Homéopathie, phytothérapie, hypnose, micronutrition, nutraceutique, je poursuis mes investigations en tout genre pour traiter naturellement mon tempérament actif et anxieux que j'ai du mal à contrôler. Mon équilibre alimentaire est vital à ma bonne santé mentale tout comme l'activité physique.

En termes d'activité physique, je m'accorde le temps de faire du sport quotidiennement. Accro au sport, je me défoule pour le plaisir et non pour la compétition. Du roller à la course à pied, au vélo, à la musculation, au rameur, à la natation, au yoga, à l'aquabike et à la marche nordique… le sport me passionne. Autant de disciplines qui peuvent être de vrais supplices pour certains et qui sont pour moi de vrais moments de détente. Au point que lorsque je donne mes cours j'ai envie que les participants débutants découvrent tous les bienfaits que peut procurer une activité sportive. Personnellement, c'est une dépendance naturelle qui s'avère utile pour stabiliser mon poids, décharger l'influx nerveux et réguler mon sommeil. Durant ces intervalles de temps sportifs, mon mental travaille au ralenti au bénéfice de mon corps qui se met en action. Je profite de ces instants d'endurance pour respirer profondément et m'exposer à la lumière extérieure. Quand la lumière naturelle est trop faible, j'allume ma lampe de luminothérapie pour activer ma mélatonine. Je stimule alors ma dopamine et je réconcilie une tête pensante bouillonnante avec un corps qui se meut mécaniquement sans ménagement. Je désactive le mode « apnée » dans lequel je me suis engouffrée en vivant à deux cents à l'heure. Pendant ce temps-là au moins, à chaque respiration, je sens mon cœur battre et, à chaque mouvement au contact de l'air ou de l'eau, j'éprouve une sensation de vitesse et de légèreté qui me grise. Toute cette activité me permet de réguler mon rythme circadien.

Les temps de repos, parlons-en ! Je prends toutes mes précautions pour m'assurer le meilleur sommeil, une condition nécessaire, mais pas suffisante. Mon sommeil très léger ne s'est pas amélioré avec la prise de la petite pilule saveur cassis, ce n'est pas un sommeil très récupérateur. Je veille donc à m'endormir dans de bonnes conditions afin de minimiser mon bruxisme nocturne. Je récapitule les points positifs de la journée écoulée pour m'endormir avec satisfaction et mieux aborder la suivante. J'évite de regarder l'heure à laquelle je me couche pour éviter de craindre que mes heures de sommeil pourraient être insuffisantes. Je mets mes quelques insomnies à profit pour lire jusqu'à être de nouveau gagnée par le sommeil plutôt que de m'agacer. Ainsi, j'avance plus vite dans mes lectures ! Le manque de sommeil cumulé m'impose de faire des siestes de temps à autre, moments privilégiés où je dors et récupère profondément. Tout comme l'alimentation et le sport, le sommeil participe à mon équilibre psychique.

Mon hygiène de vie est fondamentale, mais il me faut aussi veiller à mon hygiène mentale. Je définis comme l'hygiène mentale la nécessité de contrôler de nombreuses comorbidités, comme mon comportement légèrement compulsif, mon défaut d'attention, mon empathie envahissante, mes troubles de la mémoire et des émotions.

Commençons par mes gentilles compulsions. Je me suis rendu compte, il y a peu de temps, qu'acheter 60 kilos de pommes ou douze bouteilles de shampoings d'un seul coup ne me semblait plus très raisonnable. Des achats démesurés sous prétexte d'une consommation excessive ou qu'il faut profiter de la bonne affaire. Tout comme acheter et faire abondamment usage de bicarbonate dans toute la maison.

Cela fait sourire mon mari tout comme mon aîné. « C'est bien parce qu'avec toi les gens gagnent beaucoup d'argent d'un seul coup », ce qui n'est pas tout à fait faux ! Je dois me discipliner pour faire des choix sur ce dont j'ai réellement besoin au moment de mon acte d'achat et consommer modérément certaines choses avant que cela ne devienne une marotte. Ainsi déjà commence le besoin de concentration sur des petites choses du quotidien qui vont mobiliser une partie de mon attention et de mon énergie.

En ce qui concerne l'attention, j'essaie d'être attentive à faire une seule tâche à la fois. Mon esprit vagabond doublé d'une acuité sensorielle a tendance à dicter mes faits et gestes. De nombreuses pensées simultanées perturbent le bon déroulement de mes actes et serait, selon mon mari, responsable de mon « désordre organisé ». Il me faut me ressaisir très régulièrement. Chassez le naturel, il revient au galop ! C'est un contrôle de tous les instants qui commence de bon matin. Par exemple, je dois veiller à m'habiller complètement avant d'entreprendre autre chose mes chaussettes à la main ! Difficile de ne pas me laisser distraire par mon esprit qui anticipe déjà ce qui va suivre. La situation se répète tout au long de la journée. Il faut que j'y sois vigilante. C'est de l'éducation permanente !

« Un voyage de mille lieues commence toujours par un pas »

… disait Lao Tseu. Une chose à la fois et chaque chose en son temps. Pour cela, j'essaie d'agir « en conscience ». Je tente de contrôler ma tendance multitâche : vouloir tout systématiquement « maximiser » et « optimiser », allant jusqu'à téléphoner avec une oreillette sous la douche ou en me brossant les dents pour gagner du temps, par exemple. Tout d'abord parce que si tout me semble possible, je réalise enfin que tout n'est pas permis ! Oui, ce mode de fonctionnement m'a fait oublier que mon entourage ou mon interlocuteur pouvait aussi se sentir pressé, déconsidéré ou blessé par de tels actes. Ce qui jusque-là m'avait rarement effleuré l'esprit.

Face à l'ordinateur, j'essaie d'y passer juste le temps nécessaire. J'évite d'ouvrir quinze onglets en même temps pour m'intéresser ou mener de front quinze sujets différents. Je me limite l'accès aux réseaux sociaux trop chronophages et trop axés sur la vie des uns et des autres pour mon empathie naturelle. Elle me joue des tours. Je vis chaque drame familial ou amical comme un traumatisme.

Je suis très facilement submergée par ce petit supplément d'âme. Un petit-cousin qui décède, une amie enceinte délaissée par son compagnon, le licenciement d'une autre amie... Je vis tout personnellement sans savoir mettre de distance, même si je sais pertinemment que mes émotions n'apporteront pas plus de réconfort.

Mon attention étant perturbée par mes cinq sens, j'évite les éléments perturbateurs. Par exemple, je ne supporte pas le bruit de fond de la télévision ou de la radio. Je fuis la télévision (et en particulier les informations) dont certaines images ou sons pourraient s'imprimer démesurément dans ma mémoire. Je ne supporte aucune image de guerre ou de combat, ni même leurs commentaires. Il me faut aussi regarder avec parcimonie les films « sensibles ». Certains me bouleversent et me hantent plusieurs jours. Je n'arrive pas à dissocier le sujet du film de ma réalité. Je me fonds corps et âme dans la peau des personnages et réagis franchement au niveau de mes émotions. Il en va de même pour la musique. Écouter des auteurs mélancoliques ou nostalgiques me donne le vague à l'âme. Je ne peux m'empêcher de changer de disque à l'écoute d'Alain Bashung, d'Alain Souchon ou de Laurent Voulzy et leur préfère d'autres auteurs, comme Muse, Pink Floyd ou Enya, qui me font planer.

Je me protège enfin des environnements trop bruyants. « Encaisser » les cris de mes enfants limite ma tolérance à davantage de bruit. Je favorise l'environnement campagnard et les lieux calmes.

Avec le temps, je rencontre aussi des problèmes de mémoire qui me contraignent à faire des listes pour ne rien oublier dans mon agenda ou sur mes petits carnets – « mes cahiers de bébé » se plaît à dire mon benjamin. J'ai besoin de vider ma tête et éviter que ma mémoire ne flanche. J'en arrive même à oublier les mots et ce que je veux dire. J'ai tendance à couper la parole aux autres de peur d'oublier ce que j'ai à dire ou ce à quoi je pense. Au risque que cela donne des conversations partant dans tous les sens quand je souhaite aborder en même temps toutes les idées qui me viennent à l'esprit.

Ma psychiatre me rassure sur l'état de ma mémoire. Un cerveau que l'on sollicite sans cesse, à qui on envoie un maximum d'informations, les enregistre en surface, mais n'a pas le temps de les graver profondément. Pourtant, j'ai le sentiment que mes différentes crises et mes pensées automatiques ont affecté mes fonctions cognitives. Ce sont les excès émotionnels qui les ont affectées plutôt que les médicaments. Les médicaments fatiguent, atténuent la vigilance et transforment les émotions, mais n'altèrent pas plus la cognition que les crises elles-mêmes.

J'ai désormais conscience que mes facultés mentales sont affectées par mes émotions. Alors, je travaille autant que possible mes pensées émotionnelles. Je ne manque pas de me rappeler que les idées ne sont pas des faits. Pour cela, il me faut transformer mes pensées automatiques en regardant le côté positif de la chose. Par exemple, si un médecin a beaucoup de retard dans sa consultation, j'arrête de me tortiller dans tous les sens, de regarder ma montre toutes les minutes, d'aller voir la secrétaire pour savoir s'il ne m'a pas oubliée, de pester sur le manque de ponctualité et donc de politesse de ce médecin, d'imaginer tout ce que j'aurais pu faire pendant ce temps, de penser au retard que je prends sur mon planning minuté et optimisé... STOP ! Je prends mon mal en patience et j'en profite pour lire, méditer, faire une micro-sieste. Et surtout, j'arrête de râler ! J'arrête de faire une course contre la montre pour accomplir tout ce que j'ai envie ou m'impose de faire, comme si j'allais mourir demain. Je répète mon petit exercice du feu rouge. Ce temps d'attente qui me semble toujours interminable, mais qui dure rarement plus de trente secondes.

J'essaie de ralentir le rythme pour profiter et éviter de vivre toujours dans l'anticipation et la prévoyance. Vivre au présent et jouir de l'instant en faisant les choses en conscience ne m'est pas encore naturel. J'essaie de faire régulièrement des séances de méditation sur le modèle du programme de pleine conscience que j'ai suivi. Méditer me permet de relativiser les choses. Et quand je lis aujourd'hui toutes les études menées sur les bienfaits de la méditation sur le cerveau et ses bénéfices cognitifs, j'ai l'espoir en musclant mon attention quotidiennement de récupérer à terme le bon fonctionnement de mon processus mental. Méditer et prier me permettent de me décentrer de moi-même en m'en remettant à la vie et à Dieu. Oui, croire en la vie et en Dieu sont de bons remèdes pour arrêter de vouloir tout contrôler, pour lâcher prise, pour faire confiance.

Contrôler et me faire l'avocat du diable en permanence n'est autre que ma volonté de tout maîtriser, d'optimiser chaque chose en espérant la perfection. Pourtant, après analyse, je vois bien que ce besoin de contrôle n'est qu'un sentiment de toute-puissance et d'orgueil. Un sentiment très relatif et subjectif. La perfection et l'optimisation que je m'impose me conduisent à ma perte telle Sisyphe dans la mythologie grecque. Une quête de l'impossible qui fait toujours vouloir plus, aller plus vite, plus haut et atteindre le ciel. Or, la perfection n'existe pas. Approcher le sommet est exaltant jusqu'au moment où je m'écroule avant de l'avoir atteint. S'en suivent la chute et la relève. Et cela peut se reproduire inexorablement.

J'ai compris que vivre, c'est accepter mes limites, lâcher prise et admettre que le monde ne s'écroulera pas pour autant. C'est aussi accepter que les choses ne peuvent être réalisées immédiatement à la vitesse à laquelle je les pense. Qu'il n'y a rien d'urgent ou rien de grave. « Ce n'est pas grave, il n'y a pas mort d'homme », me dis-je toute la journée.

Voilà avec quoi je dois lutter toute la journée. Des angoisses que je ne m'explique pas. Des pressions inutiles que je n'arrive pas à rationaliser, même si j'en prends conscience. Parfois, je ne peux me débarrasser de ces emportements émotionnels qu'une fois que l'angoisse a gagné les limites de mon cerveau et que je pète littéralement un plomb. Il faut l'implosion et l'épuisement physique et psychique pour désamorcer le processus. Des réactions émotionnelles intenses face à des situations ordinaires que je n'arrive parfois plus à maîtriser.

Je sens physiquement que ces réactions modifient mon état de conscience et font des dégâts irréparables au niveau neurologique. C'est peut-être difficilement compréhensible, mais je ressens physiquement que mon cerveau est affecté et modifié par mes emportements et qu'à chaque « pétage de boulons », je détruis quelques cellules supplémentaires.

Chaque jour, j'apprivoise donc un peu plus mes symptômes en m'octroyant un peu de frivolité et de fantaisie. Pas trop non plus au risque d'en mesurer les incidences sous quelques heures ou jours sur mes oscillations d'humeur. Surfer sur la vague hypomaniaque ne m'intéresse plus. J'ai conscience d'avoir acquis, ces dernières années, toutes les stratégies pour me gérer et canaliser au mieux mon trouble, et de pouvoir me passer de séances de psychoéducation. Je navigue désormais à vue.

À mesure que le temps passe, je recouvre l'ensemble de mes capacités physiques, psychiques et intellectuelles en dépit d'une sensibilité accrue. J'essaie d'être bienveillante envers moi-même au risque de me priver d'activités ou de compagnie. Je limite au minimum les activités en groupe, les réunions de famille ou les séjours où je suis trop entourée. Toute cette hypersensibilité, émotivité, acuité sensorielle peut potentiellement perturber mon baromètre de l'humeur, et j'y suis donc attentive.

Malgré toutes ces prises de conscience, je ne peux révolutionner et inverser mon intelligence émotionnelle. Parfois, je suis fatiguée d'épier mes moindres paroles, faits ou gestes ; certains sont gravés si profondément au niveau de la mémoire comportementale – à moins qu'ils ne relèvent de l'inconscient – que mon comportement en devient mécanique. Je reste comme un arc tendu sur la défensive, prête à tirer les flèches de mon archer. Mais je ne désespère pas de pouvoir baisser la garde un jour.

Vivre

Marie

Apprécier le quotidien, ouvrir les yeux, sourire et vaincre

Je ne vis pas avec ma maladie étiquetée sur le front. Entre deux crises, ma vie est épargnée. Enfin, à peu près. J'ai un mari, deux enfants, un métier, une maison. Je peux remplir, positivement, presque toutes les cases d'un document administratif. Je suis alors entre victoire et amusement. Tout est un peu vrai, tout est un peu faux. Mais, au final, je ne peux m'empêcher de me dire : j'ai de la chance !

Cela fait cinq ans que je suis « stabilisée ». C'est-à-dire cinq ans sans crise, sans rupture et sans hospitalisation. Cinq ans que j'ai pu me reconstruire une vie, y compris professionnelle, cinq ans que j'œuvre pour me redonner confiance. Parfois, cela paraît tellement simple que je me retourne et me demande pourquoi il n'en a pas toujours été ainsi. Cela doit être tellement simple d'avoir une vie sans trouble bipolaire, me dis-je parfois. Il faut que je regarde devant, mais pas trop loin non plus ! Je ne sais pas ce que l'avenir me réserve. Le peintre et sculpteur Gérard Garouste, avec l'aide de son environnement familial, a beau tenter d'éviter de nouvelles crises, il dit ne pouvoir échapper à toutes[1]. Il faut prendre en compte la possibilité d'une rechute. On sait qu'il y a des facteurs de stabilisation – hygiène de vie, stabilité affective, accompagnement thérapeutique, prise quotidienne des médicaments… – mais rien n'est garanti. Faire attention, donc.

Car une crise, c'est entre six mois et un an de votre vie fichus en l'air. Plus le temps de la reconstruction. J'ai eu sept crises dans ma vie. On peut faire le calcul du temps perdu. Alors il faut jouir du présent, apprécier le quotidien, ouvrir les yeux. Sourire et vaincre. Apprécier les moments d'insouciance, de gaieté gratuite et de rires. Il y en a, bien sûr. Et de nombreux.

Mais l'avenir est une donnée qui m'échappe. J'ai toujours l'idée que mon lendemain est incertain. Je vis avec le sentiment que mon seul présent constitue mon avenir. Que je mourrai jeune, peut-être demain, qu'il me faut tout faire tout de suite, sinon rien ne sera certain. Une impatience liée à un sentiment d'urgence, comme la conscience d'une maladie susceptible de me dérober mon futur à tout instant. Le spectre du suicide me poursuit, même si je ne me sens pas suicidaire, les possibles conséquences de mes tendances aux addictions m'angoissent : tabac, alcool, boulimie. À chacun de mes anniversaires, je me réjouis, victorieuse, comme une octogénaire, de mon année supplémentaire, alors que je n'ai aujourd'hui que quarante-sept ans. C'est ridicule pour les autres, c'est essentiel pour moi, cette petite victoire du temps gagné.

1. « Gérard Garouste, une vie de tempêtes », *Le Nouvel Observateur*, 7 février 2013.

Par-dessus tout, je tiens à mon insouciance : je ne suis pas vraiment les règles d'hygiène de vie que je devrais respecter. J'ai sans doute tort. Peut-être que je devrais vivre à la campagne, alors que me voilà revenue en plein Paris. Peut-être faudrait-il que je me couche avec les poules, alors que je persiste à être une nocturne. Il m'arrive souvent de me lever à une heure du matin, en pleine forme pour me recoucher deux heures plus tard. Là, je retombe comme une masse, les médicaments aidant... Tout cela n'est, bien sûr, pas très recommandé, mais je ne souhaite pas me barricader de préceptes de vie en tout genre. Une seule règle absolue : la prise inconditionnelle de mes médicaments.

Je veille pourtant aux signes : paranoïa, exaltation, manque de sommeil. Dans ces cas-là, je me mets en cellule de crise. Je pare comme je peux, je me barricade. Une fois, j'avais pris conscience de la trahison d'une amie, je me sentais transpercée dans mon intimité et, rapidement, ce sentiment a fait tache d'huile en moi, je me suis sentie être la cible d'un épouvantable complot. J'ai passé une nuit sans dormir. Et plus les heures avançaient, plus je voyais mon épée de Damoclès : le manque de sommeil ne pardonne pas, c'était la porte de l'hôpital qui s'avançait vers moi. À son réveil, mon mari m'a dit : « Passe une journée normale et couche-toi à dix-neuf heures ce soir. » J'ai suivi le conseil. J'ai passé la journée comme je pouvais, mais, la nuit d'après, j'ai dormi trois-quatre heures d'affilée, j'étais rassurée, c'était gagné.

Un équilibre incertain

Difficulté de l'équilibre dans le quotidien... de cet équilibre qui doit faire face à une sensibilité redoutable. Et ce, du matin au soir, du soir au matin. Gérer ses émotions. Faire du tri, transformer, comprendre et analyser ce qui fait mal. Parfois, je me sens comme une fille fracassée. À l'extérieur, tout est intact, à l'intérieur, il y a deux plaques tectoniques qui ne se rejoignent pas.

Mes enfants aident à mon équilibre. Autant qu'ils constituent un challenge pour ma vitalité. Chacun à sa manière ils vivent cette histoire qui est la leur.

Chloé est dans l'âge où l'on ne pardonne rien à ses parents. Elle juge, elle tranche, elle prend ses distances. Chloé est née après le bébé parti, elle sait que la vie est fragile. Malgré l'émotivité de ses seize ans, Chloé trace, ne regarde pas derrière. Elle s'accroche. Chloé est une poupée de porcelaine... qui ne se casse pas. Mes relations avec Chloé ne sont pas très faciles. En pleine adolescence, elle commence vraiment à faire du remue-méninges. Elle rêvait d'une maman parfaite, de gâteaux maison en sortant de l'école, de frères, de sœurs à l'infini, du petit dernier qui gazouillerait avec elle, et même d'un chat : Chloé hérite d'une maman bipolaire. Bipolaire certes, mais pas démissionnaire pour autant. Je pense avoir été une supermaman pour mes enfants lorsqu'ils étaient petits. Plus tard, cela s'est compliqué : même revenue de l'hôpital, j'avais des absences que je n'ai pas su expliquer. La parole a été difficile entre nous. Je n'ai de doute que les choses se rétabliront.

Pierre, qui a dix-neuf ans aujourd'hui, ne dit rien sur le sujet. Pierre, qui a été un enfant un peu difficile et perturbateur, s'est demandé si ma maladie était héréditaire. Est-ce l'expérience de sa mère qui l'a rendu si curieux des mystères de l'âme ? Pierre a voulu explorer les méandres de la vie. D'elle, il a tout voulu voir, tout connaître, tout expérimenter. Brillant élève, Pierre est un oiseau libre qui ne se met pas en cage.

Parfois, je vois comme un miracle le fait que Pierre et Chloé aient traversé jusque-là les perturbations de leur vie, la mère intermittente que j'ai pu être, le côtoiement de la folie ou de la dépression qui a été le leur, tout cela sans embûches majeures. Même si, malgré tout, il me semble pouvoir discerner quelques cicatrices de cette aventure... Une aventure que je suis tous les jours, avec crainte et passion.

Accepter m'a libérée

Hélène

> « Changer n'est pas devenir quelqu'un d'autre, c'est reconnaître qui l'on est... et l'accepter. »
>
> Jacques Salomé, *Bonjour tendresse*

Entre la révélation de mon trouble bipolaire et sa complète acceptation, sept années se sont écoulées. Un long chemin chaotique, mais salvateur.

Il m'a fallu d'abord reconnaître le caractère cyclique et régulier de mes crises pour admettre le diagnostic. Bien qu'il m'ait en partie soulagée, j'ai dû me résoudre à « l'avaler », assorti de ses médicaments bienfaiteurs. J'ai eu du mal à le digérer et à endurer le traitement. Alors, parfois, je n'ai pu m'empêcher de douter du diagnostic ou de croire qu'il était provisoire. Je m'en suis pourtant accommodée cinq années durant. Puis, je n'ai pas manqué de me croire rétablie et suffisamment forte pour contrôler la maladie. J'imaginais que ce trouble pouvait être éphémère et une parenthèse dans ma vie. Un optimisme qui m'a autorisé à arrêter avec assurance ma médication. C'était aller trop vite en besogne.

La dernière crise que j'ai vécue a été un véritable électrochoc. J'ai pris conscience du trouble bipolaire dans toute sa dimension. Désormais, je ne peux plus ignorer que le dérèglement de l'humeur qui sommeille en moi profite de la moindre contrariété pour se révéler. Parce qu'il est latent et sous-jacent. J'accepte alors que le seul moyen de l'endiguer est de suivre un traitement à vie. J'accepte de vivre avec quotidiennement. Il faut l'apprivoiser et le prendre à bras-le-corps pour qu'il soit supportable physiquement et mentalement.

En acceptant mon trouble bipolaire, j'ai gagné du temps sur les effets dévastateurs de la maladie et je m'en prémunis. En l'acceptant, j'ai choisi de tolérer quelques contraintes et de renoncer à certaines choses pour que la vie soit plus confortable. En l'acceptant, je me suis soulagée d'un poids.

Accepter mon trouble bipolaire a été le premier pas d'un processus de rétablissement. Car sans acceptation, il n'y a point de salut.

Accueillir la maladie : du déni à l'acceptation

Marie

J'avais délibérément tourné ma vie hors de la sphère « bipolaire ». Je veux dire par là que je n'avais jamais souhaité baigner dans un environnement guidé par la pathologie. Exit les forums et les associations spécialisées, ma vie était ailleurs. Je pouvais lire sur le sujet ou bien voir des pièces de théâtre, mais rencontrer des personnes bipolaires m'était impossible. Les malades m'intéressaient dans leur art de transformer la maladie – art, littérature –, mais pas pour la maladie elle-même.

C'était ma force, mon combat, ma façon de lutter. J'ai toujours cru que c'était une bonne chose, de s'intégrer ainsi à son environnement, dans la négation de sa différence. Je voulais me défendre de regarder celle-ci à la loupe pour être sûre de ne pas tomber dans la complaisance. Vaille que vaille, j'aspirais à être combative et battante. Je méprisais ma maladie, je l'ignorais. Et si l'on venait à s'en étonner à la vue de ma forme éblouissante, alors je me sentais victorieuse, enterrant à la fois la femme violée, la mère séquestratrice, l'épouse divagante...

J'ai des amis de vingt ans qui ne savent pas que je suis bipolaire, et même de nombreux. Des amis avec lesquels j'ai passé de nombreuses vacances, insolites et lointaines. Des amis avec lesquels j'ai partagé beaucoup, mais pas cela. J'ai préféré l'inaltérabilité de leur regard à leur compassion et à leur accompagnement. Pour ne pas déparer dans le paysage, pour marcher au rythme des autres.

Aujourd'hui, je vois dans cette attitude la marque d'une violence inouïe vis-à-vis de moi-même. Assortie d'une vraie incapacité à apprivoiser une partie de ma personne. « Tu n'es pas tendre avec toi-même », me dit mon amie en lisant ce manuscrit. Elle a raison. Mon milieu familial ne m'aide pas à cela. Ma maladie y est tue, cachée, honteuse. Je n'ai jamais eu d'échange à ce sujet, j'ai toujours dû gérer seule, dans mon coin. Personne ne s'enquiert jamais de ma santé, sauf parfois ma sœur. Mes frères, ma mère sont muets sur ce thème. Face à une telle rudesse, je n'ai pas le choix, je cache tout de moi.

Et pourtant, pleurer n'est pas s'avachir, exprimer sa souffrance n'est pas de l'avilissement, se relâcher n'est pas une faiblesse. Il a fallu l'écriture de ce livre pour que je m'intéresse de plus près à ma maladie, à ses symptômes, à son origine, aux témoignages qui en sont faits. Je reste à distance, mais j'ai l'impression d'avoir gagné en sensibilité et en analyse de la situation. À courir après la normalité, on finit par escamoter son identité au risque de se perdre.

Grâce à Agnès Bousser[1], chercheur au CNRS et atteinte d'un trouble bipolaire, j'ai appris un mot déterminant qui me permettra peut-être un jour de

1. Agnès Bousser, *Résilience en santé mentale et groupes d'entraide*, Paris, L'Harmattan, 2012.

pouvoir « accueillir » ma maladie comme un acte de résilience indispensable. Il s'agit de « l'autoempathie ». Lorsque j'ai entendu ce mot lors d'une table ronde sur le trouble bipolaire, mot qui paraît si simple, celui-ci m'a tout de suite fait tilt. « Voici ce qui me manque », me suis-je dit. À travers cette philosophie, à l'inverse de ma façon habituelle d'aborder la maladie, j'ai réalisé peu à peu à quel point je me traitais durement et, que sous des prétextes d'exigence et de combativité, je niais finalement une partie de moi-même, je me coupais de moi et des autres. Ce simple mot a été à l'origine d'une révolution copernicienne intérieure m'ouvrant des horizons de guérison et de bien-être.

Je vois l'autoempathie comme un sentiment puissant, qui réconcilierait mon intellect et mes émotions, mon histoire et mes ambitions, mon présent, mon passé, ma famille. Comme pour éviter de me traîner en silence le désarroi de mon histoire, la honte de mon viol, la fragilité de ma situation, mais conquérir tous les jours, ma singularité. Savoir se plaindre soi-même[1], pouvoir pleurer sur soi – ne serait-ce qu'un temps – parce que c'est à ce prix que l'on se tourne vers les autres et que l'on cultive sa sensibilité. Car protéger son capital-« sensibilité » malgré la souffrance me paraît essentiel, il me semble que c'est à travers ce chemin que l'on se prévient du monstre qui sommeille en chacun de nous. Cette nécessité de la plainte, voilà qui est bien évidemment aux antipodes de ma culture protestante, qui, pour préserver l'individu, cultive aussi l'orgueil.

---

1. Nous sommes ici à l'opposé de ce que propose François Roustang dans *La Fin de la plainte*, Paris, Odile Jacob, 2000.

Aussi, je me suis promis d'essayer les groupes de parole, de tenter d'autres types de thérapies que le divan freudien, de chercher mieux, de comprendre davantage, de me lier au reste du monde, et de dire « aidez-moi ».

Une guérison intérieure

Hélène

> « Au milieu de l'hiver, j'apprenais enfin qu'il y avait en moi un été invincible. »
>
> Albert CAMUS, *L'Été*

On parle beaucoup de corrélation entre créativité artistique et trouble bipolaire. Malheureusement, je n'ai reçu aucun don artistique. Pourtant, en écoutant mon cœur, j'ai voulu mettre des mots sur des maux.

Éprise d'égalité et d'équité depuis mon plus jeune âge, c'est le sentiment d'injustice face à la différence qui me fait réagir, qui me pousse à parler, à hurler et à écrire. Ce sentiment est suffisamment fort pour me permettre de trouver les mots pour rebondir sur la petite phrase d'une amie qui, après la dernière crise, m'a dit : « Tu n'es pas malade, tu as juste traversé une mauvaise passe. »

Cette remarque m'a poussée à me lancer dans cet ouvrage pour exprimer cette souffrance face à l'ignorance et à la méconnaissance de mon entourage. Une ignorance légitime pour qui ne vit pas au quotidien à mes côtés et pour qui il est difficile de m'imaginer dérangée par ce trouble chronique. Une méconnaissance compréhensible pour qui pense que cette crise n'est qu'un mauvais passage qu'il faut attribuer aux circonstances de la vie. Alors qu'au fond de vous-même, vous savez que cela est récurrent et prégnant.

J'ai souhaité témoigner pour démystifier l'image de la personne atteinte d'un trouble bipolaire. Parce que je ne me suis pas reconnue dans la caricature d'une personne souvent dépeinte divorcée, interdite bancaire et de jeu, en situation précaire ou avec des démêlés judiciaires. Parce que la bipolarité n'est pas forcément synonyme de crises sensationnelles. Parce que je ne suis pas réduite à une maladie et que ma vie n'est pas réduite à des crises. Parce qu'il y a autant de dérèglements de l'humeur possibles qu'il y a de personnes diagnostiquées bipolaires.

Écrire m'a tout d'abord permis d'exprimer le mal dont je souffre, mais me permet aussi de servir la cause du trouble bipolaire. Il est stupéfiant de constater à quel point ce sujet est tu, alors que, quand je commence à l'aborder, les langues se délient. Souvent, quelqu'un évoque une de ses connaissances affectées par un trouble de l'humeur. J'écris donc pour relayer les souffrances et les espoirs d'une communauté qui manque de porte-parole et qui n'a pas forcément les moyens, la force et l'énergie pour le faire. Je ne peux m'empêcher en écrivant ce livre de penser à tous mes « bipotes » rencontrés dans mes groupes de parole ou sur les réseaux sociaux. En espérant que mon témoignage puisse faire écho à notre amitié et à notre solidarité tissées au travers d'échanges singuliers.

Ainsi me suis-je embarquée dans ce voyage de l'écriture.

Un voyage qui a pris sa source dans l'histoire familiale de mes grands-parents et de mes parents. Je ne pouvais pas ne pas faire un retour sur un passé douloureux dont je porte les stigmates. Je ne souhaite pas l'oublier, mais m'alléger d'un devoir de mémoire pour ne pas le faire porter à mes enfants. Une manière de déposer des valises bien trop lourdes que je ne peux porter seule, et pour pouvoir me redresser et me tenir droite. J'espère pouvoir conjurer le sort, briser la chaîne et me délivrer des fantômes du passé.

C'est aussi l'occasion de déposer, à mon tour, mon histoire sur ces feuilles blanches pour me dédouaner d'épisodes peu glorieux, même s'il n'est pas facile de trouver le courage d'avouer la vérité. Je ne veux pas encombrer la vie de mes enfants avec mon histoire. Juste leur donner un jour la possibilité de s'intéresser ou pas à cette histoire qui est aussi un petit peu la leur. Par ce livre je leur offre la liberté, comme à tous ceux qui m'entourent, d'en disposer sans tabou ni pudeur.

Cependant, ce voyage ne s'est pas fait sans heurt. Un voyage que j'aurais aimé abréger par moments. Fouiller dans une mémoire capricieuse les vestiges d'un passé douloureux m'a franchement angoissée et m'a même parfois donné la nausée. L'écriture des symptômes et des crises ont été des chapitres brûlants comme des patates chaudes dont j'aurais aimé me débarrasser hâtivement. Pourtant, je n'ai pu m'y dérober, et il m'a fallu m'atteler à la tâche.

Le chapitre sur la vie quotidienne m'a également oppressée quand j'ai réalisé à quel point tout est contrôle et tension. Ce chapitre m'a placée au cœur d'un fonctionnement quotidien qui agite mes jours et mes nuits. J'étais en proie à une angoisse à son paroxysme qui m'a demandé de puiser des ressources au fin fond de moi-même pour m'extirper de mes côtés sombres. Mon écriture s'est faite miroir d'une personnalité se voulant parfaite au point de tout contrôler, de peur de déplaire ou de ne pas être aimée. C'est en cela que ce voyage m'a emmenée dans des contrées insoupçonnées et auxquelles je ne m'attendais pas. Il m'a fallu déverrouiller les derniers cadenas qui me retenaient prisonnière de ma psychorigidité pour lâcher prise.

Ainsi ai-je fait le deuil d'une vie dans laquelle je courais après mon ombre de crainte de ne pas être reconnue. Je suis sortie de la torpeur de mes ténèbres pour vivre sous la lumière et pour laisser s'exprimer tout l'éclat du soleil que je possède en moi. Comme un film argentique qui doit être plongé dans l'obscurité totale pour fixer et révéler tous ses reflets.

Je renonce désormais à ce désir de toute-puissance en choisissant d'accepter la vie qui m'est offerte avec mes propres limites. Dès lors, il s'agit d'une acceptation de ma personne en tant que telle, dans le respect de soi et des autres, et pour qu'elle soit reconnue comme telle.

Ce livre signe le chemin d'une guérison intérieure au point que, parfois, je me surprends à rêver. Comme si l'épreuve du trouble bipolaire était lointaine ou ne s'était jamais produit. Comme si tout cela avait été un mauvais rêve. Sans pour autant ignorer que cela pourrait se présenter encore.

Après avoir rassemblé les morceaux de bout en bout et reconstruit le puzzle de mon expérience de la bipolarité, je suis convaincue que chacun a la possibilité et le pouvoir d'agir sur sa maladie. J'espère avoir trouvé les mots justes pour apporter courage et espoir aux lecteurs, les encourager à trouver les ressources nécessaires pour construire leur équilibre de vie.

Cet équilibre délicat me permet d'apprécier chaque jour la vie que j'ai choisie.

Écrire : une réconciliation personnelle et familiale

Marie

> « Contrairement à la tradition du cogito et à la prétention du sujet de se connaître lui-même par intuition immédiate, il faut dire que nous ne nous comprenons que par le détour des signes de l'humanité déposés dans des œuvres de culture. »
>
> Paul RICŒUR, *Du texte à l'action*

C'est un livre en particulier – il y en a d'autres – qui m'a ouvert la possibilité psychique d'écrire sur ma maladie. Lorsque j'ai lu *Rien ne s'oppose à la nuit* de Delphine de Vigan, j'ai compris que les troubles, les maux de « Lucile », fussent-ils d'apparence différents, étaient les miens. Parce qu'elle y était magnifiquement décrite, j'ai reconnu phrase à phrase, mot à mot ma maladie dans toute sa singularité, avec ses phases délirantes et ses errances. L'effet a même été plus profond que cela. Quelque chose en moi m'a dit « ma maladie est dans ce livre, elle a donc une existence même en dehors de moi, elle existe ».

J'ai compris qu'il y avait des mots pour écrire « cela ». Et que ces mots étaient doux. Et même qu'ils étaient beaux.

Mes souvenirs étaient éparpillés, dispersés comme dans un champ de coquelicots... À travers l'écriture de ce livre, j'ai rassemblé ceux qui ont bien voulu se laisser attraper. Certains étaient partis en courant. Je me les suis appropriés, j'ai mis des mots sur les images que j'avais en tête, scénarisé des scènes que je pensais incommunicables. Et c'est ainsi que j'ai écrit une histoire. La mienne.

J'ai voulu relater des souvenirs « justes ». Bien sûr, on me répondra qu'en matière de souvenirs, la vérité « objective » n'existe pas, comme le montre Boris Cyrulnik dans un de ses livres[1]. Le souvenir « juste » pour moi, c'est le souvenir qui trouve un écho dans la mémoire de l'autre.

Aussi, j'ai tout confronté. Auprès de certains proches. Comme si ceux-ci devaient être mes garde-fous. Comme si, moi-même, j'avais peur du souvenir de mes émotions et que j'invoquais les autres comme repères absolus du monde réel. Je voulais éviter qu'on se dise : « Elle fantasme. » Ce serait tellement facile, pour une folle ! Pour le chapitre de mon enfance, j'ai interrogé quelques témoins, des tantes, en général promptes à penser leur histoire familiale par elles-mêmes, et non à véhiculer un discours convenu. Parfois, il m'a fallu m'approprier des découvertes de dernière minute, réinterpréter l'histoire et réécrire. Mais au-delà d'une exigence de justesse, cette histoire est celle d'un ressenti. D'un ressenti que j'ai voulu sincère.

---

1. Boris Cyrulnik, *Sauve-toi, la vie t'appelle*, Paris, Odile Jacob, 2012.

J'ai tout partagé. Avec Blandine, avec Alix. Il me fallait être accompagnée, évaluée, encouragée, soutenue même. Cet accompagnement a été l'occasion de nombreuses discussions et de moments précieux. Car, à y penser froidement, il y avait dans cette démarche quelque chose de risqué, d'inconscient : un risque de rechute. En effet, j'ai dû faire attention à moi. Par exemple, pendant l'écriture du premier chapitre, j'ai un moment cru vaciller. « La maladie n'aura pas raison de moi », me suis-je dit. J'ai alors fait une pause. Après, c'était mieux. C'est comme si je me mettais peu à peu en condition de me souvenir avec toute la souffrance liée à cela.

Écrire sur soi, mais aussi être lu. Être lu par ses proches, par ceux qui avaient leur interprétation établie de ce qui vous était arrivé et que ce livre va peut-être remettre en cause. Être lu par sa famille. Mon père n'est plus là pour lire les souffrances de sa petite fille. Il vaut mieux. Ma mère pourrait s'y intéresser, malgré sa maladie d'Alzheimer naissante : je ne lui mettrai pas entre les mains ce qu'elle ne peut pas comprendre. Il me semble à présent la rejoindre dans sa lutte contre la maladie, à défaut qu'elle ne puisse me rejoindre dans la mienne. J'espère que ma sœur me pardonnera d'avoir relaté nos jalousies d'antan, elle qui m'est si chère aujourd'hui. Mes tantes contesteront la version du saint grand-père fait de chair et d'os et non du bronze des statues et, c'est sûr, s'en offusqueront ! Enfin, d'autres se diront : « Comme elle cache bien son jeu », la fille souriante et bien dans ses pompes que j'ai toujours connue…

Il y a ceux qui comprendront et ceux qui ne comprendront pas. On ne peut pas demander à la folie d'être consensuelle, à la souffrance d'être partagée, à la différence d'être normative.

Au-delà de toute peur du regard, je réalise l'importance d'écrire sur soi. Avec la liberté de trier mes mots, de choisir mes teintes, de peindre à ma façon, de crier ou de murmurer, de calculer ma distance comme un géomètre. Choisir des mots doux, pour rapprocher. Ne pas faire fuir, ne pas faire peur. Aspirer à la légèreté comme un papillon.

J'écris. J'écris pour moi, pour mon mari qui sait tout, pour mes enfants à qui je n'ai pas parlé. J'écris dans un geste de réconciliation personnelle et familiale. Parce que notre identité familiale ne peut se passer de cette histoire-là. J'écris pour embellir, comme un geste d'exigence esthétique. Pour que le laid soit plus beau, que la honte fasse moins mal, que le mal soit moins douloureux. J'écris ce que mes souvenirs me permettent d'écrire.

J'écris enfin pour ceux que je ne connais pas, mais à qui je m'adresse, secrètement et avec une grande complicité : tous ceux et celles atteints d'un trouble bipolaire, ou leur proche, qui liront ce livre. En espérant que le vacillement de la maladie les entraînera vers la vie, la vie choisie, combative et triomphante. Et qu'à mesure qu'ils découvriront les mots des autres, c'est leur histoire qui émergera dans leur esprit. Je sais à quel point le combat est lourd, invisible et singulier pour chacun. Qu'il semble parfois vain. Mais qu'à d'autres moments, nous en sommes victorieux. C'est de ces moments-là qu'il nous faut nous souvenir.

Épilogue
Marie

Je dédie ce livre à mon mari, grand prince de cette histoire. Je ne veux pas en faire un héros, encore moins un petit mythe familial et je suis trop insoumise pour le cristalliser dans le sucre de l'idéalisation. Mais je lui suis reconnaissante.

À sa manière, il a été confronté à la « folie circulaire[1] ». Il a dû composer avec les mille métamorphoses de sa femme : l'exaltée, la désinhibée, la hurlante, la souffrante, la raplapla, la vidée d'elle-même, la désincarnée, la regonflée, la libre, la libérée, l'enthousiaste, la combative… Il a cru à ce qui ne semblait plus exister, à ce qui était abîmé, pour que cela renaisse un jour. Quelle que soit la destinée de notre vie commune, il aura accepté de vivre cela avec moi.

Je dédie ce livre à Pierre et Chloé, héritiers d'une histoire tellement particulière. Et je leur fais confiance. Pour que la vie prenne le dessus sur les blessures, les incompréhensions et, peut être, les ressentiments. Tous ces bleus invisibles. Je les invite à explorer leur histoire et je n'ai de doute que

1. Terme inventé en 1854 par l'aliéniste Jean-Pierre Falret pour désigner la succession d'états maniaques et d'états dépressifs entrecoupés de périodes de lucidité.

cela nous rapprochera. Car je ne peux m'empêcher de penser que tout cela a aussi apporté quelque chose d'essentiel. Peut-être une part de vérité, dans ce qu'elle a de rare. Peut-être une part d'humanité, dans ce qu'elle a de noble. Dans tous les cas, ils me dépassent en tout. Je suis une passionnée de leur vie.

Je dédie ce livre à la vie. Je l'aurais voulue douce et sereine. Elle s'est imposée à moi fragile et puissante à la fois. Et toujours, elle se conquiert, elle se partage, elle se contemple.

Remerciements

Hélène

> « Nous sous-estimons souvent le pouvoir d'un contact, d'un sourire, d'un mot gentil, d'une oreille attentive, d'un compliment sincère, ou d'une moindre attention ; ils ont tous le pouvoir de changer une vie. »
>
> Leo BUSCAGLIA, *Love*

Ce livre est un cadeau. Un merveilleux cadeau qui m'a été offert grâce à la belle rencontre avec Marie. J'ai apprécié tout au long de ce parcours la justesse et l'authenticité dont Marie a fait preuve en toute gaieté. Nous pouvons nous réjouir de ce singulier tandem auquel Gaëlle, notre éditrice, a accordé sa grande confiance. Je leur exprime, à chacune, toute ma gratitude pour avoir permis à ce projet d'aboutir.

Pendant l'écriture de ce manuscrit, j'ai été soutenue par mes psychiatres, ma famille et mes nombreux amis.

Je remercie le docteur C. pour sa fidélité depuis dix ans. Elle a toujours été et reste toujours présente malgré les mille kilomètres qui nous séparent.

Je la remercie aussi pour nos rendez-vous téléphoniques et nos échanges par courrier électronique qui m'ont été précieux pour me remémorer quelques épisodes relatés dans ce livre.

Je remercie le docteur B. pour son accompagnement et le travail réalisé ensemble depuis deux ans.

Je remercie du fond du cœur Clara, Sofia, Véra, Steffy, Réjane, Sylvia, Marie et J.-C. pour leur fidèle amitié.

Je remercie chaleureusement, pour leurs encouragements, Laurence, Laura, Fanny, Béatrice, Brigitte, Gaël, Stéphanie, Charlotte, Cathy, Claire, Dominique, Cécile, Annick, Nicole, Aurore et de nombreuses mamans de l'école pour m'avoir supportée dans cette aventure.

Je remercie mon ancien patron pour notre sincère échange.

Enfin, je salue tous les « bisolaires » – dixit Catherine –, de l'association Le Funambule, et plus particulièrement Pascale, Agnès, Frédéric, Éric, Annick, Anne-Pascale, Donatienne et Jean-Marc – notre fidèle ange gardien –, pour leur accueil, leur réflexion, leur aide et leur solidarité. De nos nombreux échanges, je retiens tout particulièrement la belle réflexion de Donatienne : « La vie est une promesse. » Et cette promesse, j'ai envie de la partager avec tous mes « bipotes ».

Je salue tous les bipolaires rencontrés sur la Toile toujours curieux d'échanges et d'informations.

Je salue toutes les initiatives des associations ou organisations permettant l'accès à l'information ou mettant à disposition des outils pour gérer le trouble bipolaire. J'en profite pour faire plus particulièrement un clin d'œil à Psycom75, Bicycle, Revivre et l'association Clubhouse France.

Je dédie ce livre...

À la mémoire de Jan.

À toute ma famille pour qui j'ai une profonde affection, et en particulier à ma sœur, mes frères, à mon oncle Édouard, sa femme et ses enfants.

À ma vaillante belle-mère qui m'a encouragée dans ce projet.

À mes parents bienveillants et toujours à l'écoute, auxquels je porte un amour et un respect incommensurable.

À mon amour de mari, homme sensible, généreux et loyal, pour qui j'ai une admiration et une reconnaissance absolue.

À mes enfants, qui me donnent chaque jour raison d'aimer la vie que j'ai choisie et que j'aime et porte en mon cœur à tout jamais.

Remerciements

Marie

Je remercie Hélène de m'avoir embarquée dans cette formidable traversée inattendue et d'avoir partagé les risques et les imprévus avec force et détermination.

Je remercie Gaëlle, notre éditrice, pour sa confiance audacieuse.

Je remercie Blanche, l'amie au grand courage, véritable fée clochette, qui a suivi pas à pas, mot à mot, émotion après émotion, l'écriture de ce récit.

Je remercie Tessa et Ariane pour leur fidélité, leur affection et leur accompagnement qui me sont si précieux.

Je remercie le docteur A. pour l'art de la molécule, la foi en la médecine, le sens de l'humain.

Je remercie Celine Aimetti et Jean-Philippe Cavroy de l'association Clubhouse France pour leur accueil.

Je remercie Delphine de Vigan pour le plein soleil.

Retrouvez-nous sur notre page Facebook
« J'ai choisi la vie »
contact@jaichoisilavie.com

TABLE

IMPRIM'VERT®

Mise en pages : PCA – 44400 Rezé

Achevé d'imprimer par Corlet, Imprimeur, S.A. - 14110 Condé-sur-Noireau
N° d'Imprimeur : 163574 - Dépôt légal : avril 2014 - *Imprimé en France*